GUÍA DE ESTUDIO DEL ADULTO

Creciendo juntos en Cristo

Dennis Foust
Wesley Shotwell
Duane Brooks

BAPTISTWAYPRESS®

Dallas, Texas

Creciendo juntos en Cristo—Guía de estudio del adulto

Equipo ejecutivo de BAPTISTWAY PRESS®
Director ejecutivo, Convención General Bautista de Texas: Randel Everett
Director, Misiones, Evangelismo, y Equipo Ministerial: Wayne Shuffield
Líder del Equipo Ministerial: Phil Miller
Editor, BAPTISTWAY PRESS®: Ross West

Portada y diseño interior: Desktop Miracles, Inc.
Traducción y producción: Editorial Mundo Hispano, El Paso, Texas
Imprenta: Data Reproductions Corporation

Primera edición en español: Agosto 2008

Study Guide ISBN-13: 978-1-934731-12-3

Cómo aprovechar mejor esta Guía de estudio del adulto

Si usted es el maestro o uno de los estudiantes:

1. Comience al principio de la semana, mucho antes de que se reúna la clase.

2. Repase el estudio. Mire el índice y lea la introducción de la lección. Observe dónde corresponde esta lección en el estudio general.

3. Use su Biblia y medite en los pasajes de la Escritura de cada lección.

4. Después de leer los pasajes de la Escritura en su Biblia, lea los comentarios del autor. Cada comentario fue hecho para ayudarle en su estudio de la Biblia.

5. Lea también los artículos de cada lección. Sirven para darle mayor información e inspiración, y para estimular el análisis y la aplicación.

6. Intente responder usted mismo a las preguntas que se incluyen en cada lección. Fueron hechas para estimular el análisis y la aplicación, y se pueden usar también en la clase.

Si usted es el maestro:

Haga todas las cosas ya mencionadas. En la primera sesión de estudio, repase brevemente y dígales a los participantes las fechas en que se estudiará cada lección. Pida a los estudiantes que pongan esas fechas en el índice que se encuentra en las páginas 7 y 8 y en la primera página de cada lección. Tal vez le sea útil hacer un diagrama que indique la fecha de cada lección. Si los participantes tienen correo electrónico, envíeles una nota con las fechas de las lecciones y cuándo serán estudiadas. (Una de las iglesias que usa los materiales de BAPTISTWAY utiliza calcomanías que identifican las fechas).

Obtenga una copia de la *Guía del maestro*, un complemento de esta *Guía de estudio*. La *Guía del maestro* de adultos contiene comentarios bíblicos adicionales además de dos planes de enseñanza. Los planes de enseñanza en la *Guía del maestro* fueron creados para darle sugerencias prácticas y sencillas que le ayudarán en su clase.

Después de haber estudiado el pasaje bíblico, los comentarios de las lecciones y otros materiales, utilice los planes de enseñanza de la *Guía del maestro* de tal forma que pueda preparar un plan para su clase.

Escritores de esta Guía de estudio del adulto

Dennis Foust, pastor de la *Shades Crest Baptist Church*, Birmingham, Alabama, escribió las lecciones 1 a 3 de la unidad uno. Otras iglesias en las que el doctor Foust ha trabajado como pastor o pastor asociado incluyen *Second-Ponce de Leon*, Atlanta, Georgia; *First Chattanooga*, Tennessee; y *Manor*, San Antonio, Texas. Él recibió su maestría y doctorado de *The Southern Baptist Theological Seminary*, Louisville, Kentucky.

Wesley Shotwell, pastor de *Ash Creek Baptist Church*, Azle, Texas escribió las lecciones 4 a 9 de la unidad dos. Él anteriormente fue pastor de varias iglesias en Tennessee. Obtuvo su licenciatura en letras de la *Baylor University*, su maestría en Divinidades de *Southwestern Baptist Theological Seminary*, y estudios complementarios de Teología de *Vanderbilt Divinity School*.

Duane Brooks, pastor de la *Tallowood Baptist Church*, Houston, Texas, escribió las lecciones 10 a 14 de la unidad tres. El doctor Brooks ha sido miembro de la Junta Directiva y de la *Human Welfare Board* de la *Baptist General Convention* de Texas y también de la *Board of Regents de la Baylor University*.

Creciendo juntos en Cristo

UNIDAD TRES

Creciendo juntos

Introducción

Creciendo juntos en Cristo

Creciendo juntos en Cristo tiene como objetivo ayudar a la iglesia y a sus miembros a enfocarse en las oportunidades y obligaciones de la vida cristiana de manera individual y como miembros de la iglesia. Este estudio puede usarse de muchas maneras para mejorar la vida de una iglesia. Su uso principal está en el continuo programa de estudios bíblicos de la iglesia, pero otras posibilidades incluyen su uso como un estudio para el inicio de una nueva iglesia y como un estudio para una clase para nuevos miembros y o creyentes.

El estudio trata de reconocer la interacción práctica que existe entre lo que la iglesia necesita ser y hacer, y lo que cada cristiano necesita ser y hacer individualmente. Hablando de manera práctica y sencilla, la gente se siente cada vez más atraída a la vida de la iglesia y la misión de Cristo a medida que experimenta crecimiento en sus propias vidas.

Creciendo juntos en Cristo comienza por el principio. La primera unidad se enfoca en "Comenzando el recorrido". La primera lección de esta unidad hace un llamado para que la persona responda al amor de Dios. La segunda lección reconoce el lugar integral que desempeña en la salvación el estar unido a otros creyentes en un compañerismo genuino de la iglesia. Estas dos primeras lecciones combinan de esta forma el énfasis individual así como el de la iglesia. La tercera lección enfatiza el hecho de que convertirse en cristiano significa comprometerse a seguir a Cristo en todas las áreas de la vida personal y de este modo lo conduce al resto de este estudio.

La segunda unidad, "Creciendo en Cristo", contiene seis lecciones. Esta unidad enfatiza seis disciplinas que preparan el camino para el crecimiento en la vida cristiana que Dios quiere dar a los cristianos. Estas seis disciplinas mejoran tanto el crecimiento individual en Cristo como también la edificación de la iglesia a medida que los individuos las practican.

El estudio luego pasa a considerar algunas prioridades que la iglesia debería enfatizar; tal como lo demostró la experiencia que tuvo la iglesia primitiva en Hechos 2:42-47. Esta tercera unidad, "Creciendo juntos", consiste de cinco lecciones. El énfasis de esta unidad y de todo este estudio es que el crecimiento cristiano no se trata simplemente de mejorar personalmente sino de crecer como parte de la comunidad cristiana. Probablemente comienza con un estudio bíblico individual pero se extiende hacia otros miembros de la iglesia y la gran comunidad de creyentes.

Iniciando el viaje

Imagínese que está por emprender un viaje. El primer paso que tome es extremadamente importante. Lo alineará más de cerca con su destino o lo apartará de él.

Ahora, imagínese que le gustaría ayudar a otra gente en este mismo viaje. Usted debe decidir si va a intentar ser un agente o un guía de viaje. Los agentes de viaje brindan servicios útiles. Ellos hacen que usted se interese en el viaje y proveen información sobre ello, pero tal vez nunca hayan viajado por los mismos caminos que usted recorrerá. Ellos le entregan sus boletos, le dan un programa y le desean lo mejor en su viaje.

Por otro lado, hay guías de viaje que pueden decir: Una vez, cuando estaba pasando por este valle… Después pueden decir algo así como: Yo sé que es desafiante este momento. Sin embargo, justo después de escalar esto hay un lugar para descansar y refrescarse. Estos guías de viaje pueden decir: Voy a llevarlo por unos caminos que conozco muy bien.

La gran mayoría de personas en los Estados Unidos se dan cuenta que sus vidas se caracterizan por el uso de inventos y aparatos que les ayudan a suplir sus necesidades de manera rápida y sencilla. Apretar botones, interruptores, tener conexiones vía satélite, tecnología digital, controles remoto, hornos microondas, y acceso inalámbrico son comunes muy bien.

A la vez que vemos un aumento en nuestra dependencia de aparatos modernos, también vemos un aumento en el interés en ir de excursión y en explorar zonas desérticas. La gente continúa buscando oportunidades para viajar por tierras nuevas, o incluso conocidas, pero que se encuentran en un proceso de cambio.

Este estudio se trata del recorrido del crecimiento espiritual. No hay atajos o tecnologías que puedan hacer que este viaje sea más rápido o se complete con más facilidad. El viaje espiritual se desarrolla día tras día a medida que la gente lucha, pone atención a las curvas del camino, descansa, atiende cortes y picaduras, trepa y disfruta de un refrigerio.

Las primeras tres lecciones se enfocan en el inicio de este recorrido espiritual. Usted tendrá que poner atención a estas lecciones que le indican que haga estas cosas: "Responda al amor de Dios"; "Reúnase con otros creyentes"; y "Decida vivir como Cristo quiere". En otras palabras, estas tres sesiones lo llevarán a considerar los inicios de la transformación espiritual, una comunidad espiritual de fe que hace que el viaje sea mejor, y el señorío de Cristo quien ha recorrido ese camino antes que usted. La manera en que usted tome estos primeros pasos lo ayudará en su propio viaje, y también le ayudará a ser un mejor guía para los demás[1].

UNIDAD UNO. INICIANDO EL VIAJE

Lección 1	Responda al amor de Dios	Juan 3:1-16
Lección 2	Reúnase con compañeros creyentes	Hechos 9:10-19; Romanos 12:4-5; Hebreos 10:24-25
Lección 3	Decida vivir a la manera de Cristo	Marcos 8:27-37; Romanos 6:1-4

NOTAS

[1] A menos que se indique de otro modo, todas las citas bíblicas son de la versión Reina-Valera 1960.

LECCIÓN UNO
Responda al amor de Dios

TEXTO PRINCIPAL
Juan 3:1-16

TRASFONDO
Juan 3:1-21

IDEA PRINCIPAL
En amor, Dios le ofrece vida eterna si responde a Jesús, el Hijo de Dios, a quien Dios entregó para que usted pudiera ser salvo.

PREGUNTA PARA EXPLORAR
¿Cómo Dios quiere que usted responda a lo que ha hecho por usted?

OBJETIVO DEL ESTUDIO
Responder al amor de Dios confiando en Jesús o dando testimonio de cómo respondí al amor de Dios poniendo mi confianza en Jesús.

COMENTARIO BREVE
El mensaje de Jesús acerca del amor de Dios es fácil de entender para aquellas personas que sienten la remecedora brisa del Espíritu de Dios en sus vidas y eligen responder de manera positiva.

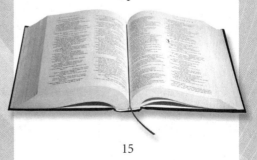

Sam estaba algo encorvado a sus 91 años de edad. Era muy querido y respetado por todos lo que lo conocían. Incluso sus compañeros lo llamaban "Sr. Sam". Se le había pedido que compartiera su filosofía básica de la vida con un grupo de jóvenes adultos. Él se sentó ante los jóvenes adultos un domingo en la mañana, abrió su gastada Biblia en 1 Juan 4:7-10, y comenzó a leer con un tono lento pero firme: "Amados, amémonos unos a otros; porque el amor es de Dios. Todo aquel que ama, es nacido de Dios, y conoce a Dios. El que no ama, no ha conocido a Dios; porque Dios es amor. En esto se mostró el amor de Dios para con nosotros, en que Dios envió a su Hijo unigénito al mundo, para que vivamos por él. En esto consiste el amor: no en que nosotros hayamos amado a Dios, sino en que él nos amó a nosotros, y envió a su Hijo en propiciación por nuestros pecados".

Después de terminar de leer, el señor Sam miró al grupo de jóvenes adultos y dijo: "Mi vida solo tiene significado por el amor de Dios. Si ustedes hallan algo en mi vida que sea honorable o admirable, es debido al amor de Dios". Luego dijo palabras que aún las repite este grupo de jóvenes adultos: "Antes que cualquier cosa, el amor es una decisión. Para que amen, ustedes deben elegir responder positivamente al amor de Dios".

JUAN 3:1-16

¹Había un hombre de los fariseos que se llamaba Nicodemo, un principal entre los judíos. ²Este vino a Jesús de noche, y le dijo: Rabí, sabemos que has venido de Dios como maestro; porque nadie puede hacer estas señales que tú haces, si no está Dios con él. ³Respondió Jesús y le dijo: De cierto, de cierto te digo, que el que no naciere de nuevo, no puede ver el reino de Dios. ⁴Nicodemo le dijo: ¿Cómo puede un hombre nacer siendo viejo? ¿Puede acaso entrar por segunda vez en el vientre de su madre, y nacer? ⁵Respondió Jesús: De cierto, de cierto te digo, que el que no naciere de agua y del Espíritu, no puede entrar en el reino de Dios. ⁶Lo que es nacido de la carne, carne es; y lo que es nacido del Espíritu, espíritu es. ⁷No te maravilles de que te dije: Os es necesario nacer de nuevo. ⁸El viento sopla de donde quiere, y oyes su sonido; mas ni sabes de dónde viene, ni a dónde va; así es todo aquel que es nacido del Espíritu. ⁹Respondió Nicodemo y le dijo: ¿Cómo puede hacerse esto? ¹⁰Respondió Jesús y le dijo: ¿Eres tú maestro de Israel, y no sabes esto? ¹¹De cierto, de cierto te digo, que lo que sabemos hablamos, y lo que hemos visto, testificamos; y no recibís nuestro testimonio. ¹²Si os he dicho cosas terrenales, y no creéis, ¿cómo

creeréis si os dijere las celestiales? ¹³Nadie subió al cielo, sino el que descendió del cielo; el Hijo del Hombre, que está en el cielo. ¹⁴Y como Moisés levantó la serpiente en el desierto, así es necesario que el Hijo del Hombre sea levantado, ¹⁵para que todo aquel que en él cree, no se pierda, mas tenga vida eterna. ¹⁶Porque de tal manera amó Dios al mundo, que ha dado a su Hijo unigénito, para que todo aquel que en él cree, no se pierda, mas tenga vida eterna.

El amor de Dios

La sociedad sugiere: *El amor es un sentimiento que se experimenta cuando uno siente lo que nunca antes ha sentido.* Sin embargo, hay una inquietud dentro del espíritu del ser humano que desea que el amor sea más que una emoción que depende de los caprichos del momento. La gente desea que el amor sea más que algo temporalmente tangible. En cada ser humano vive un profundo deseo de que el amor sea espiritualmente esencial y trascendental. Hay un deseo de encontrar amor en el núcleo de la vida, no en su periferia. La gente anhela que el amor sea vigorizante en los aspectos más importantes de sus vidas. Los seres humanos desean que el amor sea un flujo permanente de agua viva que renueva y nutre, y nunca cambia en su esencia.

"Dios es amor", escribió Juan. De todas las características que Dios pudo haber escogido para que sea el ingrediente central en su propio ser, él escogió el amor. Esta debe ser la respuesta a la pregunta que hizo Job en medio de su sufrimiento: "¿Qué es el hombre, para que lo engrandezcas?" (Job 7:17).

Jesucristo llama a sus seguidores a las profundidades de la fe en medio de un mundo superficial. Mientras el mundo quiere señalar simplemente a las flores y las aves, y hablar del amor de Dios, la iglesia de Cristo señala los pecados e impulsos más infames de la humanidad y dice: *El amor de Dios es más grande que eso.* En un mundo que quiere enfocarse en el entretenimiento y la excitación, Cristo llama a la gente para que se enfoque en las verdades eternas reveladas en el amor de Dios.

Dios es amor. Así como la altura, profundidad y anchura se usan para ayudarnos a entender las dimensiones de lo que es tangible, así también la gracia, misericordia, perdón, redención, reconciliación, gozo, paz y esperanza se usan para explicar las dimensiones de lo espiritual. "Dios es amor", exclama Juan. A Dios se le expresa mediante una variedad de dimensiones; no obstante, cada una refleja el amor.

Responder al amor de Dios es posible
para todos y para cada uno de nosotros (3:1-2)

¿Ha escuchado las buenas nuevas? No importa lo que usted haya hecho o no hecho; no importa quién sea o no sea, usted puede experimentar el amor de Dios. No lo puede experimentar solamente porque decide querer hacerlo. Sin embargo, usted puede responder al movimiento del Espíritu que está en su interior y produce una sed de conocer a Dios por medio de una relación personal. Puede responder al amor de Dios sin importar quién o qué haya sido usted.

Juan 3 nos presenta un relato del encuentro de una persona con Jesús como una *historia en la oscuridad*. En algunas historias Jesús se dirigió hacia la gente. En otras, Jesús se detuvo al lado de personas que estaban en el camino. En esta historias Nicodemo "vino a Jesús" (Juan 3:2).

Hasta cierto punto Nicodemo representa lo que la religión antiguamente entendía, la perspectiva anterior a Cristo. Es importante notar que Nicodemo se acercó a Jesús bajo la protección de la noche. Nicodemo era miembro del concilio judío gobernante, el Sanedrín. Él era una persona extremadamente influyente en Jerusalén. Si se hubiera acercado a Jesús en pleno día, entre la gente, esta experiencia y la conversación pudieron haber sido completamente distintas.

No se nos dice si esta conversación entre Nicodemo y Jesús estuvo arreglada con anticipación o si fue algo casual. No se nos dice tampoco por qué Nicodemo se acercó a Jesús. Lo que sí se nos dice es que Jesús vio el interior de Nicodemo y discernió que el fariseo estaba buscando una iluminación espiritual, aunque se acercó a Jesús de noche.

Era evidente que Nicodemo y otros líderes religiosos influyentes estaban escuchando y tomando nota del ministerio de Jesús. Posiblemente Nicodemo estaba dando a conocer conclusiones a las que habían llegado varios líderes religiosos de Jerusalén cuando dijo: "Sabemos que has venido de Dios como maestro; porque nadie puede hacer estas señales que tú haces, si no está Dios con él" (3:2).

Lo más probable era que los líderes religiosos creyeran que habían entendido la forma de actuar de Dios. En sus mentes, Dios obraba mediante maestros perspicaces y gente que hacía milagros. Esto era parte de la historia de Israel. Ellos podían referirse a numerosos maestros, profetas y momentos milagrosos a través de los cuales Dios había amoldado su historia. Sin lugar a dudas, Nicodemo sintió que Jesús reflejaba esta misma clase de revelación divina. Pero no se le ocurrió que toda una nueva experiencia espiritual estaba siendo revelada en la persona de Jesús. Había un movimiento del Espíritu en Nicodemo. Estaba soplando un nuevo viento y causó una brisa refrescante en Nicodemo. Él "vino a Jesús" (3:2).

Responder al amor de Dios requiere un nuevo nacimiento (3:3-8)

A comienzos de la conversación que tuvo Nicodemo con Jesús, él escuchó una nueva idea y una nueva frase, *nacer de nuevo*. ¿Recuerda usted la primera vez que escuchó la frase? ¿Ha sido parte de su lenguaje espiritual desde que

---

LIBERTAD Y RESPONSABILIDAD PARA EXPRESAR LA FE

Una tradición de la práctica cristiana que surgió durante la Reforma protestante fue un movimiento llamado anabautismo. Los anabautistas enseñaban que era necesario que una persona tomara una decisión consciente de comprometer su vida con Jesús como Señor. Ellos rechazaban el bautismo infantil y practicaban el bautismo del creyente. Se les llamaba *ana-bautistas*, que significa *bautizarse otra vez* (*ana* significa *otra vez*). Posteriormente, los primeros bautistas, alrededor del año 1611, acogieron el principio de la capacidad del alma, la idea de que la fe de una persona está basada en un compromiso consciente con Cristo como Señor en lugar de una afirmación mental de un credo o uniformidad doctrinal.

Los bautistas históricamente han acogido la idea de que cada ser humano fue creado a la imagen de Dios, de que tiene la libertad de elegir expresar su fe en Cristo o no, y de este modo, también es responsable ante Dios por su decisión. Los bautistas han tenido cuidado en acoger la libertad de la persona de responder al amor de Dios y han enfatizado la necesidad de un compromiso de fe mediante el nuevo nacimiento espiritual.

---

tiene memoria? En el sur de los Estados Unidos esta frase es común entre los bautistas. Sin embargo, si usted no se crió como bautista, o si sus raíces no están en la región del sur, quizás aprendió por primera vez la frase cuando estuvo saliendo con una chica bautista durante la secundaria. O, quizás escuchó la frase cuando se usaba para describir a alumnos de mentalidad cerrada durante sus años de estudiante universitario. ¿Ha tenido siempre el término nacer de nuevo una buena connotación en su mente? ¿Se describiría usted ante sus vecinos y compañeros de trabajo como un cristiano nacido de nuevo?

Cuando Jimmy Carter fue elegido presidente de los Estados Unidos en 1976, él se identificó como un cristiano *nacido de nuevo*. Antes de Jimmy Carter, la prensa de la Casa Blanca nunca había expresado tanto interés en la frase *nacido de nuevo*. Ahora escuchamos la frase con más frecuencia en los medios de comunicación.

La frase, *nacido de nuevo*, es una metáfora que usamos para describir el nuevo nacimiento espiritual que ocurre cuando una persona tiene una experiencia viva con Dios por medio del amor revelado en Jesucristo. Esta respuesta al amor de Dios transforma vidas humanas y transforma al mundo. La palabra griega que se traduce *nacido de nuevo* también se puede traducir *nacido de arriba*. Responder al amor de Dios es nacer por medio del Espíritu de Dios para entrar en una relación personal con Dios, tal como se revela en Cristo.

Nicodemo, como persona que realmente seguía con mucho cuidado cada detalle de la ley, se enfocó en las implicaciones y limitaciones terrenales que comunicaba la idea de nacer de nuevo. Sin embargo, Jesús estaba indicando a Nicodemo que considerase la perspectiva espiritual de un nuevo nacimiento. ¿No es típico de Jesús empujar a una persona hacia una perspectiva más elevada que el concepto terrenal?

CONTRASTES EN JUAN 3:1-21

Note los contrastes en Juan 3:1-21:
- Luz con oscuridad (Noche)
- Lo de arriba con lo de abajo
- Espíritu con carne
- Celestial con terrenal
- Vida con muerte
- Salvo con condenado
- Amor con odio

Para que una persona viva el amor y el poder del reino de Dios se requiere un nuevo nacimiento. En un sentido, Nicodemo tenía razón. Es imposible que una persona vuelva a nacer físicamente. No obstante, Jesús llamó a Nicodemo a un plano de entendimiento más elevado. Es posible que una persona vuelva a nacer como persona espiritual. Sólo Dios, el eterno Espíritu Santo, puede dar un nuevo nacimiento a una persona cuando ésta cree en Cristo.

Responder al amor de Dios es confuso y sencillo a la vez (3:9-16)

Nicodemo hubiera entendido las palabras de Jesús sobre el nuevo nacimiento si Jesús hubiera descrito una lista de expectativas o comportamientos externos. Si, para ser un seguidor de Jesús, una persona necesitaba cumplir con ciertas obligaciones, como en el caso de un gentil que decidía convertirse en judío, Nicodemo lo hubiera apuntado, hubiera asentido la cabeza y se hubiera regresado al Sanedrín para informarles. Pero, aunque la revelación de Jesús acerca del amor de Dios era fácil de entender, Nicodemo estaba confundido por su mensaje.

Nicodemo pertenecía al grupo de líderes judíos que cumplían con cada aspecto del Torá, esto es, la ley judía. Este grupo en última instancia guió y volvió a definir el judaísmo después de la destrucción de Jerusalén en el año 70 d. de J.C. Sin embargo, aquí Jesús estaba casi burlándose de la falta de entendimiento espiritual de Nicodemo. Usted podría parafrasear a Jesús:

Tú eres una de las personas más inteligentes en todo Israel y no puedes entender las verdades espirituales sencillas que te estoy diciendo. Nicodemo, si no puedes entender mi explicación de este nuevo nacimiento cuando uso lenguaje metafórico terrenal, ¿cómo esperas entenderme si uso lenguaje espiritual?

Durante siglos, niños, jóvenes y adultos en casi todas las culturas de todo el mundo han respondido al amor de Dios revelado en Jesucristo. ¿Es debido a que el mensaje de Jesús es sencillo? Sí, el mensaje de Jesús acerca del amor de Dios es bastante sencillo de entender para aquellas personas que sienten la brisa conmovedora del Espíritu de Dios dentro de sus espíritus y eligen responder positivamente. De hecho, Juan 3:16 enseña el amor de Dios, revelado en Jesús, y lo memorizan personas en miles de idiomas: "Porque de tal manera amó Dios al mundo, que ha dado a su Hijo unigénito, para que todo aquel que en él cree, no se pierda, mas tenga vida eterna".

Implicaciones y acciones

Jesús también enseñó: "Un mandamiento nuevo os doy: Que os améis unos a otros; como yo os he amado, que también os améis unos a otros. En esto conocerán todos que sois mis discípulos, si tuviereis amor los unos con los otros" (Juan 13:34-35). El amor de Dios debe afectar la manera en que vivimos en relación el uno con el otro. Una vez que hemos *nacido de nuevo*, nuestras vidas deben reflejar el amor de Dios hacia los demás. Nosotros respondemos al amor de Dios *naciendo de nuevo*, y también lo hacemos cuando nos amamos unos a otros.

PREGUNTAS

1. ¿Qué experiencia ha tenido usted respondiendo al amor de Dios y *naciendo de nuevo* o *naciendo de arriba*? ¿Cómo lo describiría a otra persona?

2. ¿Cuáles son algunas razones por las cuales puede ser tan difícil para algunas personas entender esta idea de un nuevo nacimiento espiritual?

3. Jesús dijo: "De cierto, de cierto te digo, que el que no *naciere de nuevo*, no puede ver el reino de Dios" (3:3). ¿Qué le parecen a usted estas palabras? ¿Lo persuaden para que comparta su fe con los demás? ¿Lo inspiran a prestar más atención a las implicaciones de su testimonio y de su carácter en relación con los demás?

4. ¿Es posible detectar una evidencia en la vida de una persona con respecto a si ésta ha tenido un nuevo nacimiento espiritual? Si la respuesta es no, ¿por qué no? Si la respuesta es sí, ¿qué evidencia puede identificar?

5. ¿De qué manera cambia la vida de una persona una vez que él o ella responde de manera positiva al amor de Dios?

Hechos 9:10-19; Romanos 12:4-5;
Hebreos 10:24-25

TRASFONDO
Hechos 9:1-30; Romanos 12:4-8;
Hebreos 10:24-25

IDEA PRINCIPAL
El alentar y recibir aliento de creyentes
a través de la unión en compañerismo
con ellos en la iglesia es parte esencial
de la vida cristiana.

PREGUNTA PARA EXPLORAR
¿Cuán importante es la iglesia
en la vida cristiana?

OBJETIVO DEL ESTUDIO
Reconocer la importancia que
tiene para mi vida cristiana unirme
profundamente en compañerismo
con otros creyentes.

COMENTARIO BREVE
Después de responder de manera
positiva al amor de Dios, usted se
dará cuenta de que la iglesia de Cristo
es una red útil de relaciones que lo
ayudarán a crecer como seguidor
de Jesús.

LECCIÓN DOS
Reúnase con compañeros creyentes

Juanita llamó a su vecina de mucho tiempo. Después de saludarla rápidamente Juanita le dijo:

—Teresa, mi vida ha cambiado. Respondí al amor de Dios el pasado fin de semana mientras visitaba a mi hermana. Mi vida es diferente y necesito hablar con alguien que pueda entender.

Teresa casi da un grito en el teléfono:

—Ay, Juanita, ¡esas son noticias maravillosas! ¿Sabes que he estado orando para que empieces una relación con Jesús? Creo que he estado orando por ti desde que nos mudamos al costado de tu casa hace 12 años.

—Teresa —interrumpió Juanita—, necesito que me ayudes a saber cómo seguir a Jesús. Mis padres eran cristianos, y nos llevaban a mis hermanas y a mí a la iglesia hasta que se divorciaron cuando tenía 12 años. Pero eso fue hace mucho tiempo. No estoy segura de dónde empezar. Tú eres la única amiga cristiana que tengo aquí en San Antonio. Mi hermana me preguntó si tenía amigas cristianas, y tú fuiste la única persona en la que pensé. ¿Quisieras ayudarme a aprender cómo crecer como cristiana?

Teresa sonrió por teléfono:

—Claro, Juanita. Es una bendición que me hayas pedido que te ayude. Lo que me ofreces es un privilegio y un regalo de la gracia de Dios. De hecho, sé exactamente dónde podemos empezar. Por favor ven con nosotros a la iglesia este domingo. Pero primero, voy a ir a tu casa en los próximos días para poder estudiar la lección bíblica juntas. Ya tengo tantas ganas de presentarte a mis otras amigas de la iglesia para que las conozcas y ellas te conozcan a ti.

Puede que usted sea una persona con muchos buenos amigos, el tipo de amigos a los que usted les confiaría su cuenta corriente. O quizás se sienta a veces como si no tuviera a nadie en su vida que realmente se preocupe por usted. Aun si no tiene a gente de confianza en su familia o círculo de amigos, una vez que usted responde al amor de Dios, encontrará otras personas que verdaderamente se preocuparán por usted en una iglesia local.

HECHOS 9:10-19

[10] Había entonces en Damasco un discípulo llamado Ananías, a quien el Señor dijo en visión: Ananías. Y él respondió: Heme aquí, Señor. [11] Y el Señor le dijo: Levántate, y ve a la calle que se llama Dere-

cha, y busca en casa de Judas a uno llamado Saulo, de Tarso; porque he aquí, él ora, ¹²y ha visto en visión a un varón llamado Ananías, que entra y le pone las manos encima para que recobre la vista. ¹³Entonces Ananías respondió: Señor, he oído de muchos acerca de este hombre, cuántos males ha hecho a tus santos en Jerusalén; ¹⁴y aun aquí tiene autoridad de los principales sacerdotes para prender a todos los que invocan tu nombre. ¹⁵El Señor le dijo: Ve, porque instrumento escogido me es éste, para llevar mi nombre en presencia de los gentiles, y de reyes, y de los hijos de Israel; ¹⁶porque yo le mostraré cuánto le es necesario padecer por mi nombre. ¹⁷Fue entonces Ananías y entró en la casa, y poniendo sobre él las manos, dijo: Hermano Saulo, el Señor Jesús, que se te apareció en el camino por donde venías, me ha enviado para que recibas la vista y seas lleno del Espíritu Santo. ¹⁸Y al momento le cayeron de los ojos como escamas, y recibió al instante la vista; y levantándose, fue bautizado. ¹⁹Y habiendo tomado alimento, recobró fuerzas. Y estuvo Saulo por algunos días con los discípulos que estaban en Damasco.

ROMANOS 12:4-5

⁴Porque de la manera que en un cuerpo tenemos muchos miembros, pero no todos los miembros tienen la misma función, ⁵así nosotros, siendo muchos, somos un cuerpo en Cristo, y todos miembros los unos de los otros.

HEBREOS 10:24-25

²⁴Y considerémonos unos a otros para estimularnos al amor y a las buenas obras; ²⁵no dejando de congregarnos, como algunos tienen por costumbre, sino exhortándonos; y tanto más, cuanto veis que aquel día se acerca.

Ningún creyente es una isla (Hechos 9:10-19)

Ananías era un seguidor de Jesús que vivía en Damasco. Quizás profesó su fe en Jesús como Mesías por medio de la predicación de algunos cristianos de Jerusalén. Él también había escuchado acerca de un judío llamado Saulo (Pablo) de Tarso quien había perseguido a los cristianos de Jerusalén y que había viajado a Damasco para hacer lo mismo. El Señor le dijo a Ananías que Saulo era un instrumento escogido por él para predicar a los gentiles y a los reyes. El Señor mandó a Ananías a buscar al ciego Saulo y restaurar su vista. Como se puede imaginar, Ananías no quería ir. Sin embargo, el Señor insistió y Ananías obedeció.

Cuando usted sigue a Jesús, se dará cuenta que su obediencia lo guiará a hacer cosas por gente a la que usted normalmente no ayudaría. Encontramos a Ananías ministrando a una persona a la cual se hubiera rehusado en cuidar si se hubiera dejado influenciar solamente por los informes noticiosos. Sin embargo Ananías conocía la voz del Señor en su vida y obedeció.

Pablo había *nacido de nuevo* camino a Damasco. Él comprendió que el Señor había llegado a su vida de una manera nueva. Pablo, quien estaba viajando en busca de los seguidores de Cristo, ahora se había convertido en cristiano. En su ceguera, fue llevado a Damasco por sus compañeros de viaje. Pablo fue bautizado como nuevo creyente, nuevo discípulo. Ninguna de sus experiencias espirituales sucedieron en el vacío. Pablo comenzó a experimentar una espiritualidad que sólo se puede vivir en relación con otros creyentes.

Después que usted experimentó su nuevo nacimiento espiritual, quizás se halló queriendo y necesitando estar con otros cristianos. Así debe ser. Usted necesita encontrar un grupo de personas que conjuntamente estén siguiendo a Cristo. Una vez que usted respondió al amor de Dios, se halló deseando tener una relación con otra gente que había nacido espiritualmente.

Otro punto para reflexionar en estos versículos es que la iglesia de Cristo consiste de personas que pueden ser muy distintas la una de la otra. A veces estas diferencias requieren que los creyentes superen sus prejuicios y temores. Ese fue el caso de Ananías. Él tuvo que vencer sus preocupaciones con respecto a Pablo para poder ministrarlo.

Cuando nos encontramos con otros discípulos, debemos superar nuestros prejuicios y temores. Descubrimos que una nueva visión es el resultado de una vida que toca a otra. La ceguera se desvanece y las aguas del bautismo introducen nuevo potencial a medida que su vida toca y es tocada por la fe de otros.

Saulo de Tarso llegó a ser conocido como el apóstol Pablo. Él fue el principal mensajero de Dios a los gentiles. Él predicó las buenas nuevas del amor de Dios revelado en Cristo a los centros culturales, intelectuales, políticos y económicos del imperio romano. Antes de comenzar su obra, Pablo pasó "algunos días" con los demás cristianos que estaban en Damasco (Hechos 9:19). Sin duda, él siempre guardó un lugar especial en su corazón para estos primeros discípulos de Jesús que le dieron la bienvenida en sus vidas. Ningún creyente es una isla. Nos necesitamos los unos a los otros.

Las historias y papeles de Pablo y Ananías en la iglesia de Cristo fueron muy distintos. Ananías nunca llegó a ser una persona de gran renombre. No obstante, él expresó fidelidad hacia el mensaje del Señor en un momento importante en la vida de Pablo. Sus papeles en la historia de la iglesia de Cristo fueron diferentes, pero no obstante estaban conectados. Cada uno fue esencial.

El cuerpo de Cristo: Unidad por medio de la diversidad (Romanos 12:4-5)

El cuerpo humano consiste de muchas partes diversas con una variedad de funciones y papeles. Asimismo, el cuerpo de Cristo encuentra y expresa unidad por medio de la diversidad. Así como el cuerpo humano disminuiría en capacidad y fortaleza si tratara de funcionar sin unidad por medio de la diversidad, así también el cuerpo de Cristo disminuye cuando no reconoce su diversidad.

Pablo escribió a los creyentes de Roma acerca de su necesidad de enfocarse en la unidad a través de pertenecerse el uno al otro. En sus cartas a los cristianos en Roma, Corinto, Éfeso y Colosas, Pablo usó la palabra *cuerpo* más de 30 veces para ilustrar la unidad de la iglesia de Cristo y cómo debía funcionar. Pablo vivió esta clase de unidad en su nuevo nacimiento en Cristo por medio de la aceptación que recibió de parte de Ananías.

Si bien una comunidad local de creyentes es una expresión de la unidad que la gente encuentra en Cristo, una iglesia local también incluye otros aspectos de un cuerpo viviente. Cada miembro de la iglesia de Cristo es un ser humano. Por lo tanto, esté consciente de que un cuerpo local de Cristo también va a incluir dolor, conflicto y quebrantamiento, puesto que todo esto existe en la vida de sus miembros. Algunas personas están más inclinadas a seguir lo que enseña el mundo que lo que enseña Cristo. Algunos están más familiarizados con competir que con dedicar espacio y tiempo para que una diversidad de individuos crezcan y maduren. A algunos les parece imposible cuidar de otros porque ellos mismos necesitan cuidado intensivo. Algunos son mucho mejores para actuar con independencia que interdependencia.

Algunos tienen muy poca tolerancia frente a la diversidad, así que manipulan a la gente para que sigan sendas de uniformidad o líneas rígidas de autoridad.

Pablo ofreció la analogía del cuerpo humano como vivo recordatorio para los miembros de la iglesia de Cristo de todas las generaciones. Nos necesitamos mutuamente. El ojo no le puede decir a la pierna, *ya no te necesito*.

EXAMÍNESE

Durante siglos, las congregaciones bautistas han acogido un ministerio llamado Escuela Dominical o Estudio Bíblico. Este ministerio de la iglesia local ha contribuido mucho a la vida relacional de los cristianos. De hecho, esta es la manera en que la mayoría de los miembros de las iglesias bautistas se reúnen para recibir aliento, oración, estudio bíblico y profundizar sus relaciones. Sin embargo, algunos parecen tener el hábito de no reunirse. Sus nombres están en las listas de las iglesias, pero parecen creer que no necesitan reunirse con otros cristianos.

Por ello a veces es bueno mirarse en el espejo y hacerse preguntas difíciles.

- ¿Les parece a las personas de afuera que nuestro grupo es amigable y acogedor? ¿Cuál es la evidencia de ello?
- Cuando la gente viene buscando una comunidad de creyentes, ¿qué encuentra? ¿Una comnnidad que toma en serio los desafíos de madurar en Cristo o un grupo de gente que están tan intimidados por las enseñanzas de Cristo que les dan la menor atención posible?
- ¿Verdaderamente tratamos de seguir a Cristo y animar a otros mutuamente a hacerlo?

Tampoco el padre de un niño de edad preescolar puede decir a un adulto mayor, *ya no se te necesita en este cuerpo*. Se necesita la energía y sabiduría de grupos diversos de varias edades. Cada uno se pertenece mutuamente.

Usted necesita pertenecer y participar en un cuerpo local de creyentes, aun con todas sus idiosincrasias, e incluso sus hipocresías. Usted ha *nacido de nuevo*, *nacido de arriba*. El cuerpo de Cristo es el cuerpo al cual usted pertenece.

La iglesia esparcida y reunida de Cristo (Hebreos 10:24-25)

Pertenecer al cuerpo de Cristo siempre debe ser un estímulo para que se convierta en un seguidor de Jesús más maduro. Cuando se reúna con otros creyentes, sería bueno que se haga estas preguntas: ¿Estoy tratando de profundizar mi relación con Jesucristo? *¿Estoy madurando como testigo del carácter de Cristo en el mundo? Si cada miembro de esta iglesia local fuera la clase de discípulo que soy, ¿estaría la iglesia más fuerte o más débil?* Nadie debería estar en una iglesia local para tratar de ser mediocre, aunque ese es un peligro que enfrentan muchas iglesias.

La carta a los hebreos trata varios temas que eran relevantes en el siglo I y también son relevantes en el siglo XXI. Uno de estos temas es la necesidad de que los cristianos se involucren en sus vidas mutuamente. En Hebreos 10:24-25, se trata de dos maneras la necesidad de que los cristianos se involucren en sus vidas mutuamente.

En primer lugar, los cristianos necesitan considerar cómo alentarse para expresar el amor de Dios mediante obras buenas. La iglesia de Cristo no existe sólo para suplir las necesidades de sus miembros. La misión o el propósito de la iglesia de Cristo también incluye compartir el amor de Dios con gente fuera de la iglesia.

Al mantenerse en contacto con otros miembros de la iglesia de Cristo, se pueden alentar mutuamente para seguir las enseñanzas de Jesús. Las tecnologías de hoy en día, tales como los teléfonos celulares, *e-mail* y mensajería de texto, hacen posible que la iglesia de Cristo esté en contacto instantáneamente y casi sin límites geográficos. Usted puede recordarle las promesas de Dios a otra persona y viceversa. Se pueden ayudar mutuamente para ver la necesidad de tener un compromiso firme con Dios. Usted puede orar y animar a aquellos que pecan y fallan. Puede brindar apoyo a aquellos que están lidiando con desafíos morales, financieros, relacionales, vocacionales y éticos. Usted puede compartir ideas que tenga para ministrar y oír las ideas de otros. Puede celebrar los triunfos y compartir las cargas.

En segundo lugar, los cristianos necesitan reunirse. La frase, *alta tecnología–alto contacto* es realmente relevante para la iglesia de Cristo hoy. Así como se aprecia una nota de un cónyuge o una llamada telefónica de un niño, la gente valoriza sus correos electronicos y mensajes de texto. Pero no hay nada que reemplace ese abrazo de un cónyuge o un niño. Estar en su presencia es esencial para que usted prospere. Lo mismo es cierto entre los miembros del cuerpo de Cristo.

La iglesia de Cristo vive como la iglesia esparcida en el mundo durante la mayor parte de la semana. Tal vez no ha visto a otros miembros de su clase o grupo desde el domingo pasado o mucho antes. Usted y los miembros de su iglesia generalmente viven la mayor parte de la semana como iglesia esparcida. Sin embargo, usted necesita reunirse con ellos con regularidad. Necesitan ser la iglesia reunida de Cristo.

USTED PUEDE AYUDAR

Usted puede contribuir a la salud y renovación espiritual de su congregación:
- Expresando una compasión más constante por los demás
- Explorando un recorrido más profundo hacia la oración
- Preguntando a los líderes de la iglesia de qué manera puede usted orar por ellos y con ellos acerca de su deseo de madurar como seguidores de Jesús

---

El enfoque de la iglesia reunida debe estar en preparar y animar a los miembros del cuerpo de Cristo. Para que sean testigos saludables y cercanos al carácter de Cristo durante los momentos en que están esparcidos. Usted elige si va a ser un colaborador positivo o negativo de la tarea de su comunidad cristiana. Usted es lo uno o lo otro.

Implicaciones y aplicaciones

Usted ha *nacido de nuevo*. Ha respondido positivamente al amor de Dios. Ahora pertenece al cuerpo de Cristo. A medida que las vidas de otros cristianos tocan la suya, su ceguera disminuye y usted comienza a aclarar lo que significa seguir a Jesús como Señor. La mayoría de los días, usted está esparcido en el mundo para expresar con su vida el carácter de Cristo y su visión del ministerio en el mundo. Sin embargo, usted también necesita reunirse con otros creyentes.

Necesita involucrarse en la iglesia reunida de Cristo para involucrarse con más fidelidad en la misión de Dios cuando está como iglesia esparcida de Cristo. Su ministerio en el mundo le será más satisfactorio si se reúne con otros creyentes. Así como un matrimonio se fractura si los cónyuges pasan poco o nada de tiempo juntos, así como las relaciones de padre e hijo se cultivan de manera sana pasando tiempo juntos o se perjudican pasando tiempo separados, así también las vidas de los creyentes se fracturan o se sanan mediante el tiempo que pasan juntos o separados.

PREGUNTAS

1. ¿Quiénes han sido los Ananías en su vida, gente que le ayudó a que recibiera la vista en su recorrido de fe?

2. ¿De qué maneras acoge intencionalmente su congregación la diversidad? ¿Puede indicar algunas de las maneras en que su iglesia podría ser más abierta a la diversidad y brindar más apoyo a la unidad? ¿Hay maneras en las que su iglesia ha caído víctima de aquellos que creen que la uniformidad (todos se parecen) sea la base del compañerismo?

3. ¿Hay gente o grupos de personas a las que usted o su congregación no ministran debido al prejuicio o el temor? Si es así, ¿quién y por qué?

4. ¿Qué puede hacer usted y su clase/grupo para incluir más gente?

5. ¿Qué significa para usted *pertenecer* a la congregación? ¿Cómo el *pertenecer* lo anima a *convertirse* en una persona más como Cristo? ¿Cómo el *pertenecer* amolda su vida?

TEXTO PRINCIPAL
Marcos 8:27-37; Romanos 6:1-4

TRASFONDO
Marcos 8:27-37; Romanos 6:1-4

IDEA PRINCIPAL
Los cristianos deben comprometerse
a seguir a Cristo en todas las áreas
de sus vidas.

PREGUNTA PARA EXPLORAR
Para usted, ¿qué significa ser cristiano?

OBJETIVO DEL ESTUDIO
Comprometerme o volverme
a comprometer a seguir a Cristo
en todas las áreas de mi vida.

COMENTARIO BREVE
Después que haya respondido
al amor de Dios y haya empezado
a reunirse con otros creyentes, el
Espíritu Santo de Dios amoldará
cada dimensión de su vida para
que esté bajo la autoridad del
señorío de Cristo.

LECCIÓN TRES
Decida vivir a la manera de Cristo

Guillermo estaba de pie delante de la congregación un miércoles por la noche para compartir su autobiografía espiritual. Su pastor le había pedido a él y otros siete miembros de la iglesia que contaran la historia de sus vidas durante un estudio de dos meses llamado "Viviendo la historia".

Guillermo comenzó su autobiografía espiritual con estas palabras: "Respondí por primera vez al amor de Dios cuando tenía 19 años. Sabía algo de Jesús. Nuestra familia asistía a la iglesia dos o tres domingos al año. Siempre íbamos al culto cuando mi abuela Sarita venía a hacer su visita anual desde Arkansas. Sin embargo, yo no me crié en la iglesia".

"Durante mi segundo año en la universidad le pedí a una chica que saliera conmigo. Ella me dijo que la única forma en que ella saldría conmigo era si la acompañaba a la Escuela Dominical y al culto los domingos en la mañana. Yo le pregunté si se refería a cada domingo y ella dijo 'sí'".

"Después de tres meses, le pedí a mi maestro de la Escuela Dominical que se reuniese conmigo para almorzar un día. Esa tarde, respondí a la invitación de Jesús, quien dijo: 'Sígueme'. Ese día, el 9 de febrero de 1974, decidí dejar que el Señor fijara los deseos de mi vida. Mis ambiciones y metas fueron transformadas. Ustedes han visto mi vida durante muchos años. Saben que no soy perfecto de ninguna manera. Sin embargo, a causa de mi relación con Jesús, mi vida tiene un carácter, una misión y una satisfacción que de otro modo nunca podría haber conocido".

Guillermo luego miró a una mujer de mediana edad que estaba sentada en una mesa a su izquierda, su esposa durante 30 años, y dijo: "Gracias, nuevamente, Josefina, por poner como requisito ir a la Escuela Dominical y asistir al culto para poder salir contigo".

Después de contar otras experiencias de su vida, Guillermo concluyó: "Recuerdo lo que el pastor me dijo el día de mi bautismo. Después que me sacó del agua, puso sus manos encima de mi cabeza y me dijo: 'Guillermo, tu vida ya no te pertenece. Se la has entregado a Jesucristo. Él es tu Señor y ahora eres un ministro para la obra de su reino'. Todos los días, escucho esas palabras resonando en mi memoria: 'Tu vida ya no te pertenece. Tu vida ya no te pertenece'".

MARCOS 8:27-37

27Salieron Jesús y sus discípulos por las aldeas de Cesarea de Filipo. Y en el camino preguntó a sus discípulos, diciéndoles: ¿Quién dicen los hombres que soy yo? 28Ellos respondieron: Unos, Juan el Bautista; otros, Elías; y otros, alguno de los profetas. 29Entonces él les dijo: Y vosotros, ¿quién decís que soy? Respondiendo Pedro, le dijo: Tú eres el Cristo. 30Pero él les mandó que no dijesen esto de él a ninguno. 31Y comenzó a enseñarles que le era necesario al Hijo del Hombre padecer mucho, y ser desechado por los ancianos, por los principales sacerdotes y por los escribas, y ser muerto, y resucitar después de tres días. 32Esto les decía claramente. Entonces Pedro le tomó aparte y comenzó a reconvenirle. 33Pero él, volviéndose y mirando a los discípulos, reprendió a Pedro, diciendo: ¡Quítate de delante de mí, Satanás! porque no pones la mira en las cosas de Dios, sino en las de los hombres. 34Y llamando a la gente y a sus discípulos, les dijo: Si alguno quiere venir en pos de mí, niéguese a sí mismo, y tome su cruz, y sígame. 35Porque todo el que quiera salvar su vida, la perderá; y todo el que pierda su vida por causa de mí y del evangelio, la salvará. 36Porque ¿qué aprovechará al hombre si ganare todo el mundo, y perdiere su alma? 37¿O qué recompensa dará el hombre por su alma?

ROMANOS 6:1-4

1¿Qué, pues, diremos? ¿Perseveraremos en el pecado para que la gracia abunde? 2En ninguna manera. Porque los que hemos muerto al pecado, ¿cómo viviremos aún en él? 3¿O no sabéis que todos los que hemos sido bautizados en Cristo Jesús, hemos sido bautizados en su muerte? 4Porque somos sepultados juntamente con él para muerte por el bautismo, a fin de que como Cristo resucitó de los muertos por la gloria del Padre, así también nosotros andemos en vida nueva.

¿Quién es Jesús para usted? (Marcos 8:27-30)

Puesto que usted está leyendo esta lección, probablemente ya ha respondido al amor de Dios y pertenece a una clase de Escuela Dominical o a un grupo de estudio bíblico. Posiblemente algunos de sus mejores amigos están en esta clase. Usted está compartiendo su vida con esta gente. Ellos saben que usted es cristiano. No obstante, vale la pena considerar otra pregunta: ¿Saben estas personas quién es Jesús para usted?

El Evangelio de Marcos incluye la historia de Jesús y los discípulos que aconteció en la región cercana a Cesarea de Filipo. Los discípulos eran seguidores de Jesús. Aún así, Jesús les preguntó quién decía la gente que era él. Los discípulos respondieron que la gente estaba diciendo que él era Juan el Bautista o Elías o uno de los profetas. Entonces Jesús preguntó a sus seguidores: "¿Quién dicen ustedes que soy yo?"

El lugar donde se encontraban Jesús y los discípulos cuando él hizo esta pregunta es importante. Cesarea de Filipo era una ciudad al pie del monte Hermón y recibió el nombre en conmemoración de César Tiberio y Herodes de Filipo. La ciudad estaba dedicada al imperio romano, y en sus inmediaciones se podía encontrar un templo consagrado a Augusto. Cerca de esta ciudad dedicada a un reino temporal hecho con manos humanas, Jesús comenzó a dirigir la atención de sus seguidores a un nuevo nivel de compromiso, una visión más sublime y un reino eterno.

La pregunta que Jesús planteó a los discípulos fue: *¿Qué dicen ustedes?* "Tú eres el Cristo", fue la respuesta de Pedro. "Cristo" es la palabra en español que equivale a la palabra griega, *Christos,* que significa *el ungido.* "Cristo" equivale a la palabra del Antiguo Testamento que a menudo se traduce como *Mesías.* Los profetas, sacerdotes, o reyes eran ungidos cuando asumían oficialmente su cargo. Al darle a Jesús el título de *el Cristo,* Jesús fue ungido como profeta, sacerdote y rey.

Los seguidores de Jesús reconocieron que él era el cumplimiento de las profecías del Antiguo Testamento. Ellos creyeron que era el Ungido de Dios, aquel que todos los judíos creían que iba a restaurar la dinastía de David y comenzar el reinado eterno de Dios sobre su pueblo escogido. Por supuesto, Jesús cumplió esas profecías. Los seguidores de Jesús no estaban equivocados. Sin embargo, no reconocieron que el reino que Cristo proclamó obraba en las vidas de individuos que profesaban que Jesús era su Señor. Dios reina pero no todos se dieron cuenta de ello ni en ese entonces, ni ahora. El gobierno de Dios se hará evidente a todos cuando Cristo regrese.

El Evangelio de Marcos comienza: "Principio del evangelio de Jesucristo, Hijo de Dios". En el pasaje de Marcos 8, cuando Jesús terminaba su ministerio en Galilea y volteaba su rostro hacia Jerusalén, se reafirmó una vez más su identidad como el Cristo. Posteriormente, en Marcos 14, Marcos narró la aparición de Jesús ante el Sanedrín en la mañana después de su

LOS BAUTISTAS Y EL SEÑORÍO DE CRISTO

Desde el principio de la historia de los bautistas el concepto del señorío de Cristo ha sido bien acogido. El señorío de Cristo es el fundamento de los bautistas cuando enfatizan la capacidad del individuo ante Dios y cuando hacen hincapié en la autonomía en su normativa congregacional.

Para expresar libertad de conciencia o libre albedrío, una persona debe ser capaz de relacionarse directamente con Dios, mediante Jesucristo como Señor. Si se espera que un creyente se relacione con Dios bajo la autoridad de un credo o alguna declaración que ponga en vigor una uniformidad doctrinal, entonces se ha puesto una capa entre el creyente y su libertad de responder directa y obedientemente al señorío de Cristo.

Asimismo, la autonomía de una congregación es esencial para que los miembros expresen obediencia al señorío de Cristo en la vida de la comunidad de la fe. Según los principios históricamente acogidos por los bautistas, ninguna asociación, convención, compañerismo o alianza puede tener autoridad sobre la congregación mientras esta viva bajo el señorío de Jesucristo. Para las personas y congregaciones bautistas Jesús es el Señor. Jesús tiene autoridad sobre nuestras vidas, y nosotros no otorgaremos una mayor autoridad a ninguna otra persona, organización, o declaración doctrinal.

arresto. En Marcos 14:61, el sumo sacerdote le preguntó a Jesús: "¿Eres tú el Cristo, el Hijo del Bendito?" Jesús respondió: "Yo soy".

Estos tres pasajes (1:1; 8:29; 14:61) dan forma al Evangelio de Marcos. Marcos señala a Jesús como el Cristo, *el Mesías*, desde el principio de su Evangelio. Esta proclamación la repiten sus seguidores mientras Jesús pone su mirada en Jerusalén. También este mensaje fue confirmado por Jesús cuando pasó por su sufrimiento y muerte como sacrificio.

Como seguidor de Jesús usted ha confesado su creencia en que Jesús es el Cristo. El Ungido de Dios vino proclamando a la humanidad que el reino de Dios se manifiesta en aquellos que humildemente permiten que él sea el Señor de sus vidas. Quizás quiera considerar lo que significa para usted profesar a Jesús como Señor de su vida. Seguir a Jesús no conduce a nadie a un camino lleno de flores. Los primeros seguidores de Jesús tuvieron que aprender esta realidad. Todos sus seguidores deben aprenderlo.

El Cristo que reprende (Marcos 8:31-33)

Jesús continuó explicando a sus discípulos, como Pedro lo había declarado a Pedro, que iba a padecer muchas cosas, ser rechazado por las autoridades religiosas, ser muerto, y resucitar después de tres días. Él habló claramente acerca de los detalles de los días venideros.

Simón Pedro, el mismo discípulo que dijo: "Tú eres el Cristo", tomó a Jesús aparte y le habló como si fuera su igual. Simón Pedro reprendió a Jesús por haber hablado como lo hizo. Marcos no nos dice con exactitud lo que dijo Pedro. No obstante, uno se puede imaginar a Pedro diciendo cosas como: *Jesús, tienes que dejar de hablar así. A veces me asustas. ¡Tú eres el Mesías! ¡Eres el Ungido de Dios! Nada malo te puede suceder. Cuando empiezas a hablar de cosas como estas, la gente se aleja de ti. Ellos quieren oír buenas noticias, no conversaciones horribles de sufrimiento y muerte.*

APLIQUE LOS TEMAS PRINCIPALES DE ESTA LECCIÓN

A medida que reflexiona en los temas principales de esta lección usted podría aplicar sus enseñanzas:

- Escribiendo su autografía espiritual
- Escribiendo su declaración acerca de quién es Jesús para usted
- Identificando experiencias en las que sintió la reprensión de Jesús
- Especificando maneras en que usted está llevando su cruz de discipulado hoy
- Registrando el significado de su bautismo como símbolo de su caminar con Cristo
- Haciendo una lista de los aspectos de su vida que desafían el señorío de Cristo
- Haciendo una lista de 10 himnos que lo ayudarán a enfocarse en el señorío de Cristo
- Haciendo una lista de 10 pasajes bíblicos que lo ayuden a enfocarse en el señorío de Cristo

Diga lo que haya dicho Pedro, Jesús evidentemente cambió la postura de su cuerpo antes de responder. En la narración que hace Marcos de esta historia leemos: "Pero él, volviéndose y mirando a los discípulos". ¿Se puede imaginar la expresión facial de Jesús que vieron los discípulos? ¿Cree usted que ellos habían visto esta expresión en el rostro de Jesús anteriormente?

El mismo discípulo que había confesado a Jesús como el Cristo ahora es llamado "Satanás" por Jesús. Luego Jesús reprendió a Pedro con palabras que ningún seguidor de Jesús quiere oír: "No pones la mira en las cosas de Dios, sino en las de los hombres" (Marcos 8:33).

¿Conoce usted al Cristo que reprende? ¿Alguna vez ha tomado en cuenta los métodos o perspectivas diseñados por seres humanos en lugar de los diseñados divinamente? ¿Alguna vez ha sentido en su espíritu la represión del Espíritu de Cristo, declarándolo culpable de una perspectiva pecadora de una situación?

El camino a la cruz nos lleva a casa (Marcos 8:34-37)

El camino de Jesús incluía una cruz. Por lo tanto, si usted va a seguir a Jesús en su camino, también va a tener que incluir una cruz.

La única manera de seguir a Jesús, el Cristo, es negar los deseos egoístas, tomar su cruz y seguirlo. Si usted elige creer que Jesús es el Cristo y aún va en pos de sus deseos egocéntricos, perderá la vida de discipulado. Sin embargo, si usted elige perder su vida egocéntrica porque está comprometido con Cristo, usted gozará de una vida abundante de discipulado. Creer que Jesús es el Cristo no es suficiente para ser un discípulo de Jesús. Hasta los demonios creen que él es el Cristo. Usted debe seguir a Jesús a través de la cruz.

Si usted ganase todo el mundo, ¿qué tendría sin Jesús? ¿Va usted a dar su vida a algo como la fortuna, notoriedad o el placer? ¿Vale todo ello su alma? ¿Cuánto vale exactamente su discipulado?

La buena noticia es que si usted está siguiendo a Jesús, él ya le ha tomado la delantera. Lo que usted tenga que renunciar como su seguidor él ya lo ha renunciado. Si usted debe dejar atrás ciertas lealtades o alianzas o posesiones o intereses para llevar su cruz de discipulado, Jesús entiende. Para experimentar la vida victoriosa de la resurrección como seguidor de Jesucristo, usted debe recorrer el camino de la cruz.

Su bautismo y el señorío de Cristo (Romanos 6:1-4)

Mientras nos acercamos al final de esta lección, y de la unidad de estudio sobre "Comenzando el recorrido", es importante que considere si Jesucristo es verdaderamente su Señor. Señorío es el término que se usa para reconocer a aquel o aquello que tiene autoridad en su vida. Usted reconoce el señorío de Cristo en su vida cuando profesa: "Jesús es el Cristo". Usted también reconoce el señorío de Cristo en su vida cuando acepta su represión en su espíritu. Además, usted reconoce diariamente el señorío de Cristo en su vida cuando niega sus deseos egocéntricos, toma su cruz de discipulado y empieza a aprender a vivir como seguidor de Jesús dondequiera que él lo guíe.

Al escribir a los primeros cristianos en Roma, Pablo señaló que la gracia abunda mucho más que el pecado. Esto suscita la pregunta: "¿Qué, pues, diremos? ¿Perseveraremos en el pecado para que la gracia abunde?" Su respuesta fue: "¡De ninguna manera!" La base de su respuesta es el señorío de Cristo en la vida del creyente.

Pablo propuso que una persona que ha muerto no puede continuar pecando. Pablo enseñó que uno comparte la muerte de Jesucristo mediante nuestro bautismo. Mediante la muerte de él se vence al pecado y ahora lo que usted experimenta es la reconciliación con Dios. Por medio de su respuesta al amor de Dios y mediante su compromiso con Jesucristo, usted ha muerto al poder del pecado. Su bautismo simbolizó su muerte al poder del pecado y a la búsqueda de cosas egoístas.

Además, así como usted participa en la muerte de Cristo, también participa en su resurrección. Así como la muerte de Cristo fue un triunfo sobre el pecado, su resurrección fue un triunfo sobre la muerte. Así como el bautismo suyo simboliza su muerte a la búsqueda de una vida de pecado, su bautismo también simboliza su resurrección a una nueva vida —una vida en busca del carácter de Jesús, el Cristo.

Usted proclama en su bautismo, *Jesús es mi Señor*. Esta verdad se presentó con la historia de Guillermo quien oyó palabras pronunciadas por su pastor en su bautismo que hicieron eco: "¡Tu vida ya no te pertenece!" "¡Tu vida ya no te pertenece!"

Implicaciones y acciones

Si usted hiciera una lista de todas las cosas que ama, ¿cuántas hojas de papel necesitaría para completarla? ¿Hay alguien o algo en su lista que usted ame más que a Jesucristo? A veces la gente está dispuesta a seguir a Jesús renunciando a las posesiones, elogios, prestigio, posición social, amigos e incluso la familia. Pero no están dispuestos a sacrificarse a sí mismos.

Otras personas están dispuestas a renunciar a sí mismas pero no están dispuestas a poner su vocación, finanzas, matrimonio o hijos bajo el señorío de Cristo. Han experimentado la gracia de Dios en cuanto al perdón de sus pecados y la visión del propósito de sus vidas. Creen que pueden reestructurar sus vidas rodeando el señorío de Jesucristo hasta que se encuentran con algo o alguien a quien no están dispuestos a amar menos que a Jesús. Si hay algo o alguien en su vida que usted ama más que a Jesús, entonces esa cosa o idea o causa o institución o persona es su señor.

PREGUNTAS

1. ¿Está usted de acuerdo con la idea de que al convertirse en un discípulo de Jesucristo su vida no le pertenece? ¿Por qué o por qué no?

2. ¿Quién dice la gente de hoy en día que Jesús es? ¿Quién dice usted que Jesús es? ¿Cómo proclama usted a Jesús como el Cristo en su vida diaria?

3. ¿Estaría usted dispuesto a compartir con su grupo un momento en el cual usted supo que Jesús lo estaba reprendiendo?

4. ¿Es posible que un cristiano o una congregación enfatice a Jesús como Salvador o Jesús como Señor uno más que el otro? Explique.

5. ¿Cree usted que se enfatiza al bautismo más como símbolo de muerte al pecado o como resurrección a una nueva vida? ¿Cuáles son algunas de las formas en que su iglesia podría practicar mejor el bautismo?

Creciendo en Cristo

La vida cristiana es más que caminar hacia el púlpito y bautizarse. Eso podría ser el comienzo de la vida cristiana, pero solo es el comienzo. La vida cristiana consiste de una disciplina espiritual que permite que Dios continúe obrando en nosotros para que podamos llegar a la madurez espiritual.

La unidad dos identifica y describe seis disciplinas espirituales que nos ayudarán a alcanzar la madurez cristiana. Estas seis lecciones exploran el proceso de crecimiento del cristiano. Jesús nos llama a ser discípulos; esto es, seguidores o estudiantes. No podemos ser discípulos sin disciplina. Estas seis lecciones no agotan todas las prácticas de la vida cristiana, pero nos llevan a un buen inicio.

Un discípulo es ante todo un estudiante, y la primera lección explora la disciplina de aprender. Las demás lecciones se enfocan en las disciplinas de servir, dar, adorar, relaciones que reflejan a Cristo, y vivir correctamente. Todas estas disciplinas pueden ayudar a todos los cristianos, si son nuevos creyentes o si han sido cristianos durante muchos años. La vida del discípulo está en constante crecimiento y no alcanza la madurez total hasta que estemos con el Señor en el cielo[1].

UNIDAD DOS. CRECIENDO EN CRISTO

Lección 4	La disciplina de aprender	Mateo 11:28-30; Juan 14:23-26; 1 Corintios 3:1-3; Hebreos 5:11-14
Lección 5	La disciplina de servir	Juan 13:3-17
Lección 6	La disciplina de dar	Corintios 8:1-9; 9:6-8

Lección 7	La disciplina de adorar	Marcos 1:35-36; Lucas 4:16; 11:1-4 Filipenses 4:6
Lección 8	La disciplina de relaciones según el modelo de Cristo	Mateo 18:15-17, 21-35; 2 Corintios 2:5-11
Lección 9	La disciplina de vivir correctamente	Colosenses 3:1-14

NOTAS

[1] A menos que se indique de otro modo, todas las citas bíblicas son de la versión Reina-Valera 1960.

TEXTO PRINCIPAL
Mateo 11:28-30; Juan 14:23-26;
1 Corintios 3:1-3; Hebreos 5:11-14

TRASFONDO
Mateo 11:25-30; Juan 14:23-26;
1 Corintios 3:1-4; Hebreos 5:11-14

IDEA PRINCIPAL
Ser un discípulo de Jesús es aprender
constantemente de él.

PREGUNTA PARA EXPLORAR
¿Qué pasos está usted tomando
para tratar constantemente de
aprender de Jesús?

OBJETIVO DEL ESTUDIO
Decidir de qué maneras voy a
tratar constantemente de aprender
de Jesús

COMENTARIO BREVE
Los discípulos de Jesús que están
creciendo, constantemente están
aprendiendo lo que significa ser
un verdadero seguidor de Cristo.
La madurez espiritual va más allá de
los fundamentos básicos de la fe al
aceptar la invitación de Jesús de
mantenerse aprendiendo de él
durante toda la vida.

LECCIÓN CUATRO
La disciplina de aprender

Todas las mañanas cuando me levanto de la cama voy a los dormitorios de mis hijos y los despierto. Después de todo el ajetreo de alistarse, nos metemos al auto y nos vamos a la escuela. Cuando los dejo, les digo que tengan un buen día. Lo último que les digo cada mañana es: "¡Aprendan algo el día de hoy!" No sé con cuánta seriedad toman mi consejo. Todas las noches les pregunto si aprendieron algo ese día. Invariablemente dicen que no. Es algo un tanto desalentador.

Pero sé que aprendieron algo porque puedo ver lo que han progresado a través de los años. Cuando comenzaron a ir a la escuela no podían leer ni escribir ni sumar ni restar. Ahora pueden hacer todas esas cosas, ¡y mucho más! Pueden leer libros complicados; pueden entender el álgebra y la geometría; pueden escribir composiciones; y pueden hacer proyectos de ciencia. Tomó un buen tiempo, pero ya no están aprendiendo el abecedario. Están llegando a ser cada vez más maduros intelectualmente hablando.

Ser un discípulo de Jesús significa ser un estudiante. Aunque una persona puede convertirse en cristiano en un instante, la madurez espiritual de los cristianos se desarrolla a través de toda la vida a medida que aprenden más y más. Jesús nos invita a su escuela para que vayamos más allá de los fundamentos básicos de la fe y lleguemos a ser espiritualmente maduros.

MATEO 11:28-30

[28]Venid a mí todos los que estáis trabajados y cargados, y yo os haré descansar. [29]Llevad mi yugo sobre vosotros, y aprended de mí, que soy manso y humilde de corazón; y hallaréis descanso para vuestras almas; [30]porque mi yugo es fácil, y ligera mi carga.

JUAN 14:23-27

[23]Respondió Jesús y le dijo: El que me ama, mi palabra guardará; y mi Padre le amará, y vendremos a él, y haremos morada con él. [24]El que no me ama, no guarda mis palabras; y la palabra que habéis oído no es mía, sino del Padre que me envió. [25]Os he dicho estas cosas estando con vosotros. [26]Mas el Consolador, el Espíritu Santo, a quien el Padre enviará en mi nombre, él os enseñará todas las cosas, y os recordará todo lo que yo os he dicho. [27]La paz os dejo, mi paz os doy; yo no os la doy como el mundo la da. No se turbe vuestro corazón, ni tenga miedo.

1 CORINTIOS 3:1-3

¹De manera que yo, hermanos, no pude hablaros como a espirituales, sino como a carnales, como a niños en Cristo. ²Os di a beber leche, y no vianda; porque aún no erais capaces, ni sois capaces todavía, ³porque aún sois carnales; pues habiendo entre vosotros celos, contiendas y disensiones, ¿no sois carnales, y andáis como hombres?

HEBREOS 5:11-14

¹¹Acerca de esto tenemos mucho que decir, y difícil de explicar, por cuanto os habéis hecho tardos para oír. ¹²Porque debiendo ser ya maestros, después de tanto tiempo, tenéis necesidad de que se os vuelva a enseñar cuáles son los primeros rudimentos de las palabras de Dios; y habéis llegado a ser tales que tenéis necesidad de leche, y no de alimento sólido. ¹³Y todo aquel que participa de la leche es inexperto en la palabra de justicia, porque es niño; ¹⁴pero el alimento sólido es para los que han alcanzado madurez, para los que por el uso tienen los sentidos ejercitados en el discernimiento del bien y del mal.

Matriculándose en la escuela de Jesús (Mateo 11:25-30)

Jesús no nos salva y luego se olvida de nosotros. Él toma a la gente que ha venido a él y la invita a toda una vida de aprendizaje.

El texto de trasfondo presenta a Jesús alabando a Dios por haber revelado los misterios profundos de su reino a "niños" que estaban listos para aprender. La disponibilidad de ellos a aprender contrasta con aquellos que se creen sabios y piensan que ya lo saben todo. El primer paso para aprender en la escuela de Jesús es tener la actitud de un niño que sabe que hay mucho por aprender. Dios ha revelado cosas a Jesús que quiere revelarnos, pero debemos estar listos para aprender.

Jesús invitó a gente que estaba cansada y cargada para que viniera a él para poderles dar descanso. Debemos tener cuidado en mantener esta declaración en su contexto apropiado. No promete que seguir a Jesús será fácil. Mucha gente, como los mártires, han descubierto que la vida de un discípulo no siempre es fácil.

El contexto se hace más claro cuando consideramos la invitación de Jesús a sus discípulos a llevar su yugo encima de ellos. La primera imagen que me viene a la mente cuando pienso en un yugo es un collar de madera en el cuello de un buey para que pueda engancharse a una carreta o un arado. Los rabinos se referían a la ley cuando hablaban de yugo. En el momento en que el público de Mateo leyó estas palabras, los 613 mandamientos identificados en la ley habían sido elaborados en base a tradiciones, reglas y regulaciones. Una persona debía haber tenido capacitación especial como abogado para estar al tanto de lo que era bueno y malo. La ley había sido diseñada para ayudar a la gente a vivir una buena vida, pero se había convertido en una carga tan pesado que llegó a ser una fuente de esclavitud.

En contraste, Jesús dice que cuando usted es su estudiante el camino no es una carga. Su invitación está abierta para todos los que trabajan bajo la carga de la ley. El descanso que ofrece Jesús no es un escape del trabajo o el estrés de la vida. El descanso viene de la seguridad de conocer el perdón del pecado y la aceptación de Dios por fe, no por medio de la ley.

Los estudiantes de Jesús pueden dar un suspiro de alivio. En la escuela de Jesús aprender no es un logro de los sabios e inteligentes. Aprender no se trata exclusivamente de proposiciones y datos. Aprender se trata de crecer en relación con Dios y los demás.

EL PROBLEMA EN CORINTO

La iglesia de Corinto existía en medio de una cultura pagana que se conocía por su inmoralidad y autogratificación. La gente estaba acostumbrada a una filosofía egocéntrica que estimulaba la jactancia y el orgullo. Esta actitud parece que pasó a la iglesia porque ésta se encontraba dividida en facciones. Cada facción se promovía a sí misma a costa de otros en la iglesia.

Este espíritu de división era contrario al evangelio. El evangelio insistía en que los creyentes se amaran unos a otros y que la iglesia esté unida en amor. Pero los corintios evidentemente no habían aprendido esta verdad básica de la vida cristiana. Estaban demostrando inmadurez espiritual destrozándose entre sí para promover sus propios intereses. ¡Tenían mucho por aprender acerca de ser un discípulo de Jesús!

Conociendo al Maestro (Juan 14:23-26)

En las horas anteriores a la crucifixión de Jesús, él dio un discurso de despedida a sus discípulos. Él sabía que ya no iba a estar con ellos de manera corporal. Entonces, ¿cómo iban a aprender de él? La pregunta era importante no solo para los primeros discípulos sino también para cada seguidor de Jesús hoy.

Obviamente Jesús no está aquí en forma corporal. Como seguidores de Jesús necesitamos un maestro para todo momento si es que vamos a obedecerlo. Jesús dijo que nuestro maestro es el Espíritu Santo.

Jesús puso bien en claro que los discípulos demostrarían su amor por él obedeciendo su enseñanza. La obediencia a su enseñanza no es un legalismo esclavizante basado en el temor. La obediencia a Jesús está basada en el amor y tiene como modelo la actitud de sirviente que él demostró.

La obediencia que se basa en el amor resulta en el establecimiento de la morada del Espíritu de Dios en el interior del creyente. Los cristianos no necesitan temer el abandono porque Dios estableció una morada permanente dentro de nosotros.

Dios vive con nosotros como el Espíritu Santo. El Espíritu Santo es un regalo de Dios que nos enseña cómo obedecer las palabras de Jesús. El Espíritu no es una versión nueva y mejorada de Dios. El Espíritu no nos enseña verdades nuevas que sobrepasan lo que enseñó Jesús. Sin embargo, sí hace más profundo nuestro entendimiento de lo que enseñó Jesús. El Espíritu confirma la enseñanza de Jesús y nos recuerda cómo obedecerle mientras vivimos en este mundo.

Desaprobando el examen (1 Corintios 3:1-3)

¡Los corintios tenían mucho que aprender acerca de seguir a Jesús! Habían venido al reino de una cultura pagana y necesitaban aprender lo que significaba vivir como cristiano en un mundo pagano. Eran como bebés recién nacidos que necesitaban que se les alimentara con leche materna para que crecieran y maduraran hasta llegar a un punto en que pudieran digerir comida sólida.

HERRAMIENTAS PARA APRENDER DE JESÚS

¿Cuáles de estas herramientas para aprender de Jesús está usted usando?
- Estar abierto a las indicaciones del Espíritu Santo
- Estudio bíblico individual y en pequeños grupos
- Oración
- Practicar mayordomía bíblica
- Adoración congregacional con regularidad
- Disponibilidad a aprender

Cuando Pablo escribió a la iglesia de Corinto, algunos de los miembros habían sido cristianos por varios años. Usted se hubiera imaginado que para ese entonces estaban lo suficientemente maduros para recibir las verdades más profundas y más sólidas de la fe. Pero aun después de haber pasado tantos años, no eran más maduros que cuando aceptaron por primera vez a Cristo. Habían progresado tan poco que Pablo estaba frustrado, como un maestro que no podía aprobar a sus alumnos para que pasaran al siguiente grado.

La tragedia de no aprender de Jesús es la inmadurez prolongada. El aprendizaje espiritual es más que conocimiento intelectual. Es crecer en relación con Dios y los demás.

Yo tengo dos hijos. Recuerdo muy bien cuando trajimos a cada uno de ellos a casa después de haber nacido y los pusimos en la cuna que habíamos armado. Eran pequeños e indefensos y no sabían nada de este mundo ni de cómo relacionarse con él. Así que mi esposa y yo les enseñamos de varias maneras. Cuando llegó el momento los enviamos a la escuela, y allí aprendieron aun más acerca de vivir en la sociedad junto con las demás personas. En resumen, ellos ahora están madurando y pronto serán hombres adultos. Qué trágico sería si se hubiesen quedado bebitos acostados en una cuna toda la vida. Qué triste sería si nunca hubiesen aprendido a distinguir el bien y el mal o cómo relacionarse con la sociedad. Sin embargo, millones de creyentes nunca crecen después de haber nacido de nuevo. Nunca crecen hasta llegar a ser adultos espirituales y nunca aprenden cómo relacionarse con Dios o con otros en la iglesia. ¡Qué triste!

Pablo sabía que los corintios no habían madurado porque demostraban su inmadurez al continuar actuando como lo hacían cuando por primera vez se convirtieron en creyentes. Eran mundanos. Su mundanidad era evidente porque todavía había celos y peleas entre ellos. Estaban peleando para saber quién era el más espiritual entre ellos. Nunca reconocieron la ironía de que sus peleas revelaban que eran espiritualmente inmaduros. Sus intereses propios atrofiaban su crecimiento.

A veces los creyentes maduros deberían enfrentar la injusticia y pelear por lo que es bueno. Pero la pelea siempre debe ser por los intereses de Dios y no los nuestros. Las peleas motivadas por los intereses personales a menudo resultan en insultos, calumnias, división y relaciones rotas. Estos actos demuestran con seguridad inmadurez espiritual. Tal persona no está lista para pasar al siguiente grado y se le debe retener para que reciba clases de recuperación.

Atascado en kindergarten (Hebreos 5:11-14)

Los lectores de hebreos se encontraban en una situación similar a la de los corintios. No habían aprendido con mucha rapidez y necesitaban que se les retuviera para que pudieran aprender los principios básicos de su fe.

El escritor del libro quería explicarles algunas cosas pero se le estaba siendo difícil poner en palabras lo que debían saber porque no habían madurado lo suficiente para entender lo que estaba tratando de decir. Esto no debió haber sido el caso. En ese entonces estas personas habían sido creyentes el tiempo suficiente como para haber estado instruyendo a otros acerca de la fe. En cambio, estaban satisfechos de haberse quedado en la inmadurez.

Todavía estaban en un kindergarten espiritual. El escritor dice que todavía necesitaban a alguien que les "vuelva a enseñar cuáles son los primeros rudimentos de la palabra de Dios". La palabra que se traduce "primeros rudimentos" significa aprender el abecedario o los principios rudimentarios de la fe. Debieron de haber sido maestros para ese entonces, pero no sabían ni siquiera el fundamento básico.

¿Ha conocido usted a gente que debería haber madurado en su fe pero que todavía carecen de un fundamento básico? Puede que hayan sido cristianos por mucho tiempo, pero no tienen el menor interés en estudiar la Biblia. No quieren aprender de la mayordomía o de la vida de la iglesia. Se relacionan con los demás de una manera mundana. No tienen idea de cómo compartir su fe con otra persona. No oran. Parecen estar satisfechos con quedarse en el kindergarten espiritual aprendiendo el abecedario y no tienen interés en pasar a niveles superiores.

El escritor de Hebreos usó la misma metáfora que usó Pablo en 1 Corintios 3:2. la gente que no se gradúa del kindergarten espiritual debe alimentarse con leche porque aún son bebés espirituales. No pueden soportar los rigores de la adultez espiritual. Si no se les trata con cuidado, su inmadurez podría causar desunión en la iglesia o fracaso espiritual. No se puede confiar en que estas personas tomen decisiones sabias y espirituales porque ni siquiera están familiarizadas con la justicia.

El alimento sólido y la responsabilidad pueden y deben de darse a aquellos que han demostrado madurez. Pero tenga cuidado de no darles carne a aquellos que no son capaces de digerirla.

De vez en cuando oigo sugerencias de poner a un individuo que rara vez asiste a la iglesia en un comité o incluso convertir a esta persona en diácono. La lógica es que si se le da a la persona responsabilidades ésta asistiría con más frecuencia. En la práctica, esta estrategia para la participación en la iglesia no funciona. Pero el mayor peligro es teológico. No debemos dar carne a aquellos que han demostrado que aún no la pueden digerir.

Implicaciones y acciones

Aprender de Jesús es una disciplina espiritual. Jesús enseñó a sus discípulos mientras estuvo en la tierra y hoy continúa enseñando a sus seguidores por medio del Espíritu Santo. Es crucialmente importante que continuemos siendo estudiantes. Si no continuamos aprendiendo, no podremos ser todo lo que Dios quiere que seamos.

Aprender de Jesús es más que un aprendizaje intelectual de los hechos y proposiciones, y más que conocer doctrina. Los hechos y la doctrina son importantes, pero quizás conocemos a gente que está muy bien instruida en teología y datos bíblicos pero son espiritualmente inmaduros. La madurez espiritual se trata de la relación que uno tiene con Dios y con otras personas. La mayoría de las veces el conocimiento bíblico y la doctrina nos ayuda a obtener un entendimiento que puede conducirnos a la madurez, pero la madurez es más que conocimiento intelectual.

¿Ha aprendido algo recientemente? Puede que se sienta como mis hijos que van a la escuela todos los días pero nunca piensan que están aprendiendo algo. Pero mire retrospectivamente su vida en este último año, o cinco años, o 10 años. ¿Puede ver el progreso?

PREGUNTAS

1. Recuerde un momento en el principio de su vida cristiana. ¿De qué maneras es usted diferente ahora? ¿Cómo puede aprender más de Jesús?

2. Imagínese que está en un comité que va a recomendar nuevos diáconos en su iglesia. ¿Cuáles son las características del tipo de persona que usted escogería como diácono? ¿Cómo esas cualidades identifican que la persona que escogió es un estudiante?

3. Imagínese que la vida cristiana es como asistir a la escuela. ¿En qué nivel se encuentra en este momento? ¿Está avanzando de nivel de vez en cuando o se ha quedado atascado en el mismo durante años? ¿Qué criterio utilizó para determinar si avanzó o no?

4. ¿Qué oportunidades ofrece su iglesia para ayudarlo a aprender de Jesús? ¿Con qué frecuencia las aprovecha? ¿De qué maneras puede aprovecharlas mejor?

5. Mencione a un nuevo cristiano a quien podría ayudar a madurar como seguidor de Jesús. ¿Cuáles son algunas de las cosas que puede hacer para ayudar a que este nuevo cristiano aprenda y llegue a ser más maduro?

TEXTO PRINCIPAL
Juan 13:3-17

TRASFONDO
Juan 13:1-17; 1 Juan 3:16-18

IDEA PRINCIPAL
Servir a los demás es una
característica de la vida
cristiana genuina.

PREGUNTA PARA EXPLORAR
¿Es el servir a otros solamente una
opción para el cristiano?

OBJETIVO DEL ESTUDIO
Decidir de qué maneras voy
a expresar la actitud cristiana
de servir

LECCIÓN CINCO
La disciplina de servir

COMENTARIO BREVE
Jesús demostró lo que es el
discipulado cristiano genuino
rebajándose a hacer la tarea servicial
más humilde. Los seguidores de Jesús
han sido llamados a seguir su ejemplo
y servir a otras personas sin importar
el costo personal.

No se puede exagerar el poder y la influencia de servir a los demás. Max Depree, presidente ejecutivo de una compañía y autor de libros sobre liderazgo, escribió en su libro *Leadership Jazz*:

Llegué a un club de tenis local justo después de que un grupo de estudiantes de secundaria había desocupado el vestuario. Como en un gallinero, no se habían preocupado por recoger lo que habían tirado al suelo. Sin pensarlo mucho, reuní todas sus toallas y las puse en una canasta. Un amigo me vio silenciosamente hacer esto y luego me hizo una pregunta en la que he meditado durante varios años. "¿Recoges las toallas porque eres el presidente de una compañía, o eres el presidente porque recoges las toallas?"[1]

La noche antes que Jesús fuera crucificado, él se inclinó y recogió una toalla. Jesús la recogió porque era el Salvador que entendía que era del tipo servicial y sufrido. Al recoger la toalla él demostró a sus discípulos lo que significaba ser un servidor de los demás. Él se rebajó para servirlos mediante el lavado de sus pies. Jesús, el Rey de reyes, realizó la tarea reservada para el esclavo más humilde de la sociedad. Esta demostración de servicio y sacrificio humilde anticipó el sacrificio que haría al día siguiente. La crucifixión era el máximo regalo de servicio que demostró todo el alcance del amor de Jesús incluso por el más humilde de los humildes.

JUAN 13:3-17

[3]sabiendo Jesús que el Padre le había dado todas las cosas en las manos, y que había salido de Dios, y a Dios iba, [4]se levantó de la cena, y se quitó su manto, y tomando una toalla, se la ciñó. [5]Luego puso agua en un lebrillo, y comenzó a lavar los pies de los discípulos, y a enjugarlos con la toalla con que estaba ceñido. [6]Entonces vino a Simón Pedro; y Pedro le dijo: Señor, ¿tú me lavas los pies? [7]Respondió Jesús y le dijo: Lo que yo hago, tú no lo comprendes ahora; mas lo entenderás después. [8]Pedro le dijo: No me lavarás los pies jamás. Jesús le respondió: Si no te lavare, no tendrás parte conmigo. [9]Le dijo Simón Pedro: Señor, no sólo mis pies, sino también las manos y la cabeza. [10]Jesús le dijo: El que está lavado, no necesita sino lavarse los pies, pues está todo limpio; y vosotros limpios estáis, aunque no todos. [11]Porque sabía quién le iba a entregar; por eso dijo: No estáis limpios todos. [12]Así que, después que les hubo lavado los pies, tomó su manto, volvió a la mesa, y les dijo: ¿Sabéis lo que os he hecho? [13]Vosotros me llamáis

Maestro, y Señor; y decís bien, porque lo soy. [14]Pues si yo, el Señor y el Maestro, he lavado vuestros pies, vosotros también debéis lavaros los pies los unos a los otros. [15]Porque ejemplo os he dado, para que como yo os he hecho, vosotros también hagáis. [16]De cierto, de cierto os digo: El siervo no es mayor que su señor, ni el enviado es mayor que el que le envió. [17]Si sabéis estas cosas, bienaventurados seréis si las hiciereis.

Sirviendo en la oscuridad (Juan 13:1-5)

Un lado oscuro de la historia de Jesús lavando los pies de los discípulos hace aun más notable lo que sucede. Era la noche de la fiesta de la pascua. Jesús estaba celebrando la pascua con sus discípulos. La pascua era un evento particularmente conmovedor puesto que el cordero de la pascua era inmolado por los pecados del pueblo. Juan nos recuerda la presencia de un pecador en la sala. Él indicó que el diablo ya había entrado en Judas Iscariote, el que iba a traicionar a Jesús, el Cordero de Dios. Aunque no podemos saber los motivos que tenía Judas, probablemente fueron estimulados por el egoísmo y la ambición mundana.

Juan también nos recuerda que la gracia estaba presente en la habitación. Jesús estaba con sus amigos más queridos. Aun estando entre ellos, lo rodearon el engaño, la traición, la duda y los celos. Los discípulos estaban discutiendo quién era el mayor entre ellos. En medio de estas tinieblas, Jesús estaba por demostrarles la luz del amor. El ejemplo que Jesús les dio fue solamente un anticipo del amor servicial que mostraría al día siguiente.

Los Evangelios sinópticos, Mateo, Marcos y Lucas, centran los eventos de esta noche en la Última Cena. No mencionan el incidente del lavado de los pies, mientras que Juan no menciona la Última Cena. Juan enfatizó el servicio y sacrificio de Jesús como el Cordero de Dios, lo cual demostró Jesús humillándose para servir a los demás mediante la humilde labor de lavar los pies.

Lavar los pies era una tarea sucia y estaba reservada para los esclavos más bajos de una casa. Muchos esclavos estaban exentos de tener que realizar esta asquerosa tarea porque lavar el barro y la porquería de los pies de otra persona era muy degradante. La labor era asignada al esclavo de los esclavos. Sin embargo Jesús, quien tenía autoridad sobre todos, se rebajó a realizar un servicio desinteresado por el bien de los demás.

La historia contrasta las actitudes de Judas y Jesús. El siervo, Judas, se encargó de convertirse en el señor; Jesús, el Señor, se humilló voluntariamente para convertirse en siervo. Jesús se convirtió en el siervo de los esclavos. Judas, quien no tenía autoridad, trató de usar el poder mundano para obtener lo que quería; Jesús, quien tenía autoridad suprema, se entregó a sí mismo en servicio a los demás. Judas buscó el honor; Jesús trajo vergüenza sobre sí mismo para honrar a Dios. Desgraciadamente, sospecho que muchos de nosotros somos más como Judas y menos como Jesús que lo que nos gustaría admitir.

Servir cuando se es malentendido (Juan 13:6-11)

Jesús lavó los pies de sus discípulos, me imagino que incluso los de Judas. Juan no registra la objeción de nadie hasta que habló Pedro. Aunque solo Pedro dijo algo, puede que haya estado expresando el sentimiento de todos en la sala. Debió haber sido un momento incómodo para todos, tan incómodo que se quedaron mudos.

Si uno podía contar con que alguien fuera a hablar, uno podía contar con Pedro. Él preguntó: "Señor, ¿tú me lavas los pies?" (13:6). Sus palabras eran más una objeción que una pregunta. Sería mejor si la entendiéramos así: *Tú no vas a lavar mis pies, ¿verdad?*

Este acto de servicio no tenía sentido para Pedro. Él podía percibir la naturaleza paradójica de este momento, pero no podía entender su significado. De hecho, Pedro parecía estar ofendido porque la vergüenza voluntaria de Jesús avergonzaba a Pedro. Pedro sabía que si alguien debería estar lavando los pies, deberían ser los discípulos lavando los pies de Jesús. No obstante, como era característico de Jesús, él puso al mundo al revés haciendo cosas que no tenían sentido en este mundo.

Jesús le aseguró a Pedro que aunque no comprendía estos actos extraños en ese momento, pronto los entendería. Pero Pedro solo veía la manera de actuar de este mundo. Él no podía ver o entender los caminos del reino hasta después.

Pedro estaba funcionando en base a una cultura que valoraba el honor y despreciaba la vergüenza. Honor significaba que una persona tenía autoridad en la comunidad y otra gente le servía. Pero si usted servía a otra persona, usted era avergonzado porque tenía que admitir que esa persona era mejor. El acto humilde de servicio de Jesús tuvo el efecto opuesto en la vida de Pedro. Pedro debió haber sentido vergüenza de que la persona con autoridad le estuviera sirviendo a él. No podía entender lo que Jesús estaba haciendo porque todavía estaba funcionando a la manera de este mundo.

Pedro no se dio cuenta del mensaje en lo absoluto y objetó enérgicamente. En griego, él usó en su negación una expresión enfática y doblemente negativa: *Tú no lavarás nunca mis pies.* En español una expresión doblemente negativa es mala gramática, pero en griego es enfática. Pedro estaba objetando en términos categóricos.

BAUTISMO, LA CENA DEL SEÑOR Y EL LAVADO DE PIES

La mayoría de bautistas reconocen dos ordenanzas de la iglesia: El bautismo y la Cena del Señor. Algunas tradiciones bautistas y menonitas han practicado una tercera ordenanza: el lavado de pies.

El lavado de pies solía practicarse más entre los bautistas en los Estados Unidos que lo que se hace ahora. Esta tradición probablemente vino de los anabautistas de Europa y continuó cuando los creyentes llegaron al Nuevo Mundo. Hoy, no obstante, la práctica está limitada a unas cuantas denominaciones. Puede que se practique con más frecuencia en forma dramática en asociación con servicios de adoración durante la semana Santa, especialmente en jueves Santo.

Aunque Jesús nos dijo que hiciéramos lo que él hizo, él no estaba necesariamente hablando de practicar literalmente el lavado de pies como rito en la iglesia. Él estaba demostrando el significado del servicio humilde hacia los demás. Sin embargo, puede ser útil de vez en cuando ser testigo o participar en un servicio de lavado de pies como recordatorio dramático y simbólico del mandamiento de Jesús de amarnos mutuamente en servicio humilde y sacrificado. ¿Qué le parece?

Pedro tenía buenas intenciones con su objeción. Él no quería que Jesús se avergonzara. Pero era evidente que no entendía el significado eterno del momento porque aún estaba pensando en el contexto temporal de su cultura.

Jesús le dio a escoger a Pedro: O dejas que te lave los pies o no me tienes a mí en lo absoluto. Debes aceptarme como siervo o no podrás aceptarme. Jesús estaba dando a escoger a Pedro lo mismo que ofrece a todos nosotros. Aceptamos a Jesús como siervo humilde y sufrido que dio su vida por nosotros, o no lo aceptamos en lo absoluto.

Pedro luego respondió con la exageración típica de él. *No te detengas en los pies. ¡Lávame completamente!* Es casi una respuesta cómica. Pedro fue de un extremo al otro en cuestión de segundos. Una vez más, Pedro no se dio cuenta del mensaje. Esta conversación no era acerca de darse un baño.

Pedro había interpretado el acto de Jesús como un simple lavado físico de los pies, pero Jesús lo interpretaba como una nueva manera de pensar en la autoridad. El ejemplo de Jesús de lavar los pies se convirtió en una lección acerca de su reino. Esto no se trataba de lavarse los pies. Se trataba de una nueva manera de vivir y pensar. Pedro y los otros discípulos no podían entender esto hasta después que fueron testigos de la crucifixión y resurrección.

Servirse los unos a los otros (Juan 13:12-17)

Después vino el momento de la enseñanza. Después de experimentar este notable acto de servicio, los discípulos necesitaban una explicación del evento que había puesto todo de cabeza.

Jesús preguntó: "¿Sabéis lo que os he hecho?" Yo no estoy convencido de que sí lo sabían. Lo que había sucedido era más que un lavado físico de pies realizado por Jesús. Él no les estaba preguntando si *sabían* lo que había hecho. Él les estaba preguntando si *entendían* lo que había hecho. En otras palabras, ¿entendían ellos lo que significaba este acto extraordinario?

Jesús admitió que sabían correctamente que él era su superior. Él era su Maestro. Él era su Señor. Lo que no habían entendido era cómo Jesús definía el papel de un superior en el reino de Dios. En el reino de Dios, cuanto más grande uno es, más bajo se inclina para servir a los demás.

La acción de Jesús dio a los discípulos un ejemplo gráfico de lo que significaba ser grande en el reino. Judas no entendió; él buscó la grandeza al ir en pos de sus intereses personales. Pedro no entendió; él buscó la grandeza en el contexto de sus valores culturales. Pero Jesús sabía que la grandeza viene sólo

---

IDEAS PARA SERVIR

- Organice un proyecto para la clase de servir a alguien con quien normalmente no tendría contacto.
- Participe en un proyecto que supla una necesidad humana que vaya más allá de su comunidad y estado.
- Visite un asilo de ancianos. Tome la mano de personas allí que quizás no reciban otro toque humano en ese día.
- Ofrézcase de voluntario en algún lugar cercano donde se reparta comida gratis a los necesitados.

---

por medio del servicio a los demás, incluso si significa ser un siervo de esclavos. El acto del lavado de los pies ofreció un modelo a seguir por parte de todos los discípulos de Jesús.

El ejemplo de Jesús no quiere decir que debamos de ir por ahí lavando los pies de las personas todo el tiempo. El transporte moderno y mejores calzados han hecho que el lavado de los pies resulte obsoleto. Pero lo que sí significa es que si vamos a ser seguidores maduros de Jesús debemos ser siervos humildes de los demás. La falta de disponibilidad para servir a los demás es un indicio evidente de que no hemos aprendido mucho del discipulado cristiano.

Servir a otros puede costar más que tan solo sacrificar un sábado en la tarde para ayudar a un vecino a cortar su césped. Ha habido momentos en que servir a otros ha costado la vida de cristianos. Esto no nos debería de sorprender. Jesús dio su vida por nosotros como ejemplo máximo de servicio humilde. Como seguidores de Jesús, ¿cómo podemos hacer menos de lo que él hizo?

Posteriormente Juan escribió en una carta acerca del servicio humilde. En 1 Juan 3:16-18, Juan recuerda a sus lectores que ya que Jesús puso su vida por nosotros, los cristianos debemos estar dispuestos a poner nuestras vidas por los demás. Esto puede que requiera que perdamos literalmente la vida en este mundo o no, pero siempre nos costará algo. Juan dio el ejemplo de compartir nuestras posesiones materiales con una persona en necesidad. El amor debe ser más que palabras; el amor actúa.

Jesús terminó esta lección con una verdad que han descubierto muchos sirvientes cristianos. Servir a los demás es una gran bendición. Jesús prometió que las bendiciones de Dios están sobre los creyentes que viven su fe sirviendo a otros. Y recuerde, en el reino de Dios, cuanto más nos rebajemos más grande seremos.

Implicaciones y acciones

Servir a la gente es una disciplina espiritual que es un fuerte indicador de madurez espiritual. Si vamos a ser como Jesús, no podemos servir nuestros intereses propios o dejarnos empujar por la ambición personal. Debemos trascender barreras culturales que evitan que sirvamos a algunas personas cuando nuestra cultura nos dice que algunas personas son mejores que otras.

Otra manera de pensar en esto es preguntar cómo definimos el éxito. En el caso de Judas, el éxito se definía por cualquier motivo egocéntrico que tuviese. De algún modo él debió haber creído que traicionar a Jesús haría avanzar sus intereses personales. Pedro definió el éxito en términos de convenciones de vergüenza y honor de su cultura. Para Pedro, el éxito era recibir honor de la comunidad, mientras que el fracaso era cuando la comunidad avergonzaba a la persona. En ambos casos el éxito era definido en términos de este mundo. Las cosas no han cambiado mucho, ¿verdad?

Jesús veía las cosas desde otro mundo. Él las veía desde el punto de vista del reino. Para Jesús, el éxito no tenía nada que ver con intereses personales o con vivir según las expectativas de la sociedad. Solo tenía que ver con vivir según las expectativas y los intereses de Dios.

¿Cuál mundo motiva sus acciones? Si a usted lo motiva este mundo, sus acciones servirán sus propios deseos y necesidades. Pero si a usted lo motiva el mundo de Dios, usted servirá a Dios sirviendo a los demás, incluso si le toca ser un siervo de esclavos.

PREGUNTAS

1. ¿Cuál sería para usted la clase más humilde de gente en nuestra sociedad? ¿Qué necesidades tienen que usted podría suplir? ¿Cuáles son algunas de las tareas que podría realizar por ellos que podría considerar que estén por debajo de usted? Escoja una y fije una hora para realizar la tarea.

2. Piense en una persona de su iglesia que es efectiva en la disciplina de servir. ¿Qué cualidades de esa persona consideraría en imitar?

3. ¿Cuáles son algunas barreras personales o culturales que evitan que los creyentes sirvan a los demás?

4. ¿Ha tenido usted alguna vez la sensación de que es demasiado superior para servir a cierta persona? ¿Ha impedido usted alguna vez a que alguien le sirviera porque creyó que era demasiado buena para rebajarse a servirlo?

NOTAS ——————————————————————

[1] Max DePree, *Leadership Jazz: Weaving Voice with Touch* (Nueva York: Doubleday, 1992), 218-219.

TEXTO PRINCIPAL
2 Corintios 8:1-9; 9:6-8

TRASFONDO
2 Corintios 8—9

IDEA PRINCIPAL
El entregarnos al Señor nos lleva a dar nuestro ser y nuestras posesiones materiales para ministrar las necesidades de los demás y hacer que avance la obra del evangelio.

PREGUNTA PARA EXPLORAR
¿Qué tiene que ver ser cristiano con dar?

OBJETIVO DEL ESTUDIO
Decidir de qué maneras voy a expresar el acto cristiano de dar.

COMENTARIO BREVE
Pablo animó a los corintios a dar para los fondos de ayuda de emergencia de Jerusalén al decirles acerca de la donación sacrificada que los de Macedonia ya habían obsequiado y recordándoles que Dios bendice a su pueblo cuando son generosamente dadivosos.

LECCIÓN SEIS
La disciplina de dar

Un pastor una vez solicitó a su iglesia que apoyara una causa digna. Una mujer que era miembro de la iglesia le dio un cheque de $50 y preguntó si era suficiente. El pastor replicó: "Si eso la representa".

Ella pensó un breve momento y le pidió al pastor que le regresara el cheque. Ella regresó después de un par de días con un cheque de $5.000 y le hizo la misma pregunta: "¿Es mi donación lo suficiente?"

El pastor replicó: "Si eso la representa".

La mujer nuevamente tomó su cheque y regresó después con uno de $50.000. Mientras se lo daba al pastor, ella dijo: "Después de pensarlo seriamente y orar por ello, he llegado a la conclusión de que este regalo me representa, y estoy muy contenta de dárselo".

Pablo animó a los corintios para que dieran generosa y agradecidamente. Él les ofreció una oportunidad de apoyar una causa digna. Él estaba recaudando fondos de las iglesias en Europa y Asia que se enviarían a los pobres cristianos en Jerusalén que estaban sufriendo dificultades económicas como resultado de la hambruna y persecución. Anteriormente había pedido a los corintios que dieran (1 Corintios 16:1-4), y ellos habían prometido que así lo harían. Evidentemente la ofrenda se había retrasado quizás debido a su relación tensa con Pablo. Ahora Pablo les estaba escribiendo para animarlos a cumplir con su anterior promesa.

La recaudación de estos fondos era más que un esfuerzo por suplir las necesidades físicas. Este don de gracia sirvió para enlazar a las iglesias bajo una causa común. La recaudación dio a los creyentes gentiles una oportunidad para participar en el ministerio para los cristianos judíos. Pablo debió haber esperado que este generoso regalo de gracia ayudara a los creyentes judíos a aceptar a los gentiles teológicamente sospechosos para que entren en comunión con la iglesia. La donación probaría que la gracia del evangelio se había extendido hacia todos los pueblos.

Dar para la colecta era más que recaudar dinero. Se trataba de formar creyentes para que llegasen a ser discípulos maduros de Cristo.

2 CORINTIOS 8:1-9

¹Asimismo, hermanos, os hacemos saber la gracia de Dios que se ha dado a las iglesias de Macedonia; ²que en grande prueba de tribulación, la abundancia de su gozo y su profunda pobreza abundaron en

riquezas de su generosidad. ³Pues doy testimonio de que con agrado han dado conforme a sus fuerzas, y aun más allá de sus fuerzas, ⁴pidiéndonos con muchos ruegos que les concediésemos el privilegio de participar en este servicio para los santos. ⁵Y no como lo esperábamos, sino que a sí mismos se dieron primeramente al Señor, y luego a nosotros por la voluntad de Dios; ⁶de manera que exhortamos a Tito para que tal como comenzó antes, asimismo acabe también entre vosotros esta obra de gracia. ⁷Por tanto, como en todo abundáis, en fe, en palabra, en ciencia, en toda solicitud, y en vuestro amor para con nosotros, abundad también en esta gracia.

⁸No hablo como quien manda, sino para poner a prueba, por medio de la diligencia de otros, también la sinceridad del amor vuestro. ⁹Porque ya conocéis la gracia de nuestro Señor Jesucristo, que por amor a vosotros se hizo pobre, siendo rico, para que vosotros con su pobreza fueseis enriquecidos.

2 CORINTIOS 9:6-8

⁶Pero esto digo: El que siembra escasamente, también segará escasamente; y el que siembra generosamente, generosamente también segará. ⁷Cada uno dé como propuso en su corazón: no con tristeza, ni por necesidad, porque Dios ama al dador alegre. ⁸Y poderoso es Dios para hacer que abunde en vosotros toda gracia, a fin de que, teniendo siempre en todas las cosas todo lo suficiente, abundéis para toda buena obra.

Reciba aliento del ejemplo de otros creyentes (8:1-7)

Pablo animó a los corintios a que den diciéndoles acerca de las generosas donaciones que habían ofrecido las iglesias en Macedonia. Estas iglesias estaban compuestas de creyentes en Filipos, Berea y Tesalónica. Estas iglesias no eran ricas. De hecho, era exactamente lo opuesto. Pablo dijo que los de Macedonia estaban pasando por grandes pruebas y profunda pobreza. La palabra "profunda" quiere decir *hasta lo más profundo* o *al propio fondo*. Pero incluso cuando estuvieron al fondo, ellos sobreabundaban de gozo cristiano y estaban rebosantes de generosidad.

La dadivosidad cristiana no solo es para los ricos sino que es una disciplina para todos los creyentes. Pablo ligó la dadivosidad monetaria con la gracia de Dios. Puesto que hemos recibido la gracia de Dios, nuestra dadivosidad se convierte en un conducto de la gracia de Dios para los demás.

Los de Macedonia dieron más de lo que se podía haber esperado. No dieron de lo que les sobraba porque no tenían nada de sobra. Ellos dieron de su escasez. Algunas personas dan de lo que les sobra. Si les sobra dinero a fin de mes, le dan a Dios esa cantidad. Sin embargo, la mayoría de veces compran cosas o tienen que pagar una deuda por algo que han comprado y no les sobra nada. Pero los macedonios dieron de su escasez y confiaron en que Dios los iba a cuidar.

Pablo no forzó a los macedonios para que dieran; no trató de sacarles dinero. Su dadivosidad fue por iniciativa propia y automotivación porque entendían la gracia de Dios. Ellos no solo daban cuando se les pedía; ellos rogaban para tener el privilegio de dar. Tenían una preocupación por la gente que iba más allá de ellos. Ellos veían más allá de sus propias necesidades y deseos para cuidar de personas que nunca habían visto. Era todo un contraste con los corintios. Los corintios habían estado envueltos en controversia por sus preferencias personales y no podían ver más allá de sí mismos. Este es a menudo el caso cuando hay desorden en la iglesia. Nos enfocamos solo en lo que tenemos por dentro. Pero Pablo quería que los corintios vieran el ejemplo de los macedonios ya que miraban hacia afuera.

La razón por la cual los macedonios podían mirar más allá de sí mismos hacia las necesidades de otros se encuentra en 2 Corintios 8:5. Pablo dijo: "A sí mismos se dieron primeramente al Señor, y luego a nosotros". Después quese dieron a Dios, ellos pudieron dar su dinero porque llegaron a darse cuenta que su dinero le pertenecía a Dios de cualquier modo. La dadivosidad

---

DAR ALEGREMENTE

La palabra griega que se traduce "alegre" es la palabra de la cual obtenemos las palabras *hilarante* y *euforia*. Dios bendice a aquellos que dan con hilaridad. A veces la gente da a regañadientes y luego se preguntan por qué no recogen una cosecha de gozo. Si damos con dolor pensando que estamos perdiendo dinero, la bendición de Dios probablemente nos eluda. Estamos demostrando que realmente no confiamos en que Dios cuida de nosotros.

Dadivosidad alegre, hilarante y eufórica es una demostración de que confiamos en que Dios nos va a dar lo que necesitamos. La gracia de Dios nos libra del dolor y la culpa para que podamos sobreabundar en dadivosidad hacia los demás.

cristiana realmente no se trata de dar nuestro dinero; se trata de darnos a nosotros mismos. Cuando nos hemos entregado, podemos enfocarnos en los demás en lugar de nosotros mismos.

Los corintios, a pesar de todos sus problemas, eran una congregación dotada. Estaban dotados en fe, en comunicación verbal, en conocimiento y hasta en amor. Pero carecían de algo. No daban en forma íntegra. Ellos habían prometido dar para el fondo pero no habían cumplido con su promesa. Pablo les envió a Tito para animarlos a ser íntegros en la disciplina de dar. Después de todo, no podían experimentar la verdadera madurez cristiana hasta que se dieran a sí mismos y su dinero.

Pablo les suplicó que se destacaran en la gracia de dar de la misma manera en que se habían destacado en otras disciplinas de la vida cristiana. Él quería que ellos experimentaran la bendición de ser un conducto de la gracia de Dios para los demás.

Reciba aliento del ejemplo de Cristo (8:8-9)

Pablo dijo claramente que no los estaba forzando a dar. Ni siquiera estaba tratando de usar su autoridad apostólica para ordenarles que dieran. Él reconocía que coaccionar la dadivosidad no resulta en amor sino en resentimiento.

La dadivosidad está en el núcleo del evangelio. El ejemplo máximo de dadivosidad fue Jesucristo, quien dio su vida por la humanidad. Jesús era rico pero se hizo pobre al venir al mundo y darse a sí mismo por los demás. El evangelio se trata de dar y dar.

Un hombre en una iglesia en la que solía servir se enojaba cada vez que yo predicaba acerca de la dadivosidad cristiana. Él dejaba de venir por tres o cuatro semanas después de uno de esos sermones. Él me decía: "Usted debería dejar de predicar acerca de la dadivosidad y concentrarse en predicar el evangelio". Era bastante evidente para mí que él no entendía el evangelio. Después de todo, el punto central del evangelio dice *¿Porque de tal manera amó Dios al mundo, que ha dado.*

Yo oí acerca de un hombre que vino a la iglesia y escuchó un sermón acerca de la dadivosidad cristiana. Después del culto salió disparado hacia el predicador y vociferó: "¡Por lo que veo, este asunto cristiano es un constante dar, dar y dar!" El predicador simplemente respondió: "Esa es la mejor definición de cristianismo que jamás haya oído".

Jesús se dio a sí mismo por nosotros. Jesús dio el ejemplo a nosotros. Dar no solo es parte del evangelio; es la esencia del evangelio.

Reciba aliento del ejemplo de la naturaleza (9:6-8)

Pablo citó un proverbio del mundo de la agricultura para recordarles a los corintios que dar para la obra del Señor no es desperdiciar el dinero sino que es una inversión con la promesa de recibir bendiciones. Pablo se imaginó a un agricultor que va al campo a plantar semillas. El agricultor se dice a sí mismo: *Si planto todas estas semillas no me quedará ninguna. Creo que solo voy a plantar unas cuantas y guardar las demás en un lugar seguro en el granero.* Él planta tres semillas. Cuando llega el tiempo de la cosecha se sube a su tractor y se va al campo a recoger su cultivo. No lleva mucho tiempo. Sólo hay tres plantas que recoger, y recibe sólo unos cuantos centavos cuando vende su cosecha. Su vecino, por otro lado, arriesgó todas sus semillas. Su cosecha fue inmensa. Lo que es cierto en el mundo natural también lo es en el mundo espiritual.

La palabra "generosamente" significa literalmente *con bendición* (8:6). En otras palabras, si sembramos una bendición cosecharemos una bendición. Ahora, no me malinterprete. No estoy diciendo que si usted da mucho dinero, Dios va a darle mucho dinero. Los predicadores de salud y riquezas, teologías *de la fe como una semilla* están conduciendo a la gente al error. Se alimentan de la avaricia de la gente que cree que puede enriquecerse dando a esas organizaciones. Pero lo que recibimos cuando damos vale 100 veces más que el dinero. Cuando invertimos en el reino, somos parte de la ayuda para cambiar la vida de la gente. Dar al Señor no es desperdiciar el dinero. Es invertir en el crecimiento del reino de Dios, y él puede multiplicar ese dinero para cambiar vidas.

La dadivosidad cristiana es más que tirar dinero en el plato de las ofrendas. La dadivosidad cristiana se trata más de la intención que del dinero. Pablo dijo a los corintios que dieran como se lo habían propuesto en el corazón. Él les mandó que no dieran en base a un sentido de obligación o coacción. La dadivosidad debe ser alegre. La dadivosidad alegre es cuando usted sabe que su donación es según la voluntad de Dios. El gozo viene de querer dar a Dios, no de tener que dar.

> ## IDENTIFIQUE MINISTERIOS DE IMPORTANCIA
>
> Haga una lista de los ministerios que su iglesia realiza a causa de la dadivosidad de la gente. Piense en las vidas que son cambiadas debido a estos ministerios. Examine el presupuesto de su iglesia e identifique cómo las cosas que hay en él marcan la diferencia en el reino de Dios.

Sonó el teléfono en la oficina del pastor. La voz al otro lado de la línea dijo:

—Habla el Departamento de Recaudación de Impuestos. Necesitamos su ayuda.

El estómago del pastor comenzó a apretarse mientras respondía humildemente:

—Haré lo mejor que pueda.

—¿Conoce a Bruno Palacios? —preguntó el agente.

El pastor confirmó que Bruno era efectivamente un miembro de su iglesia.

—¿Donó él $100.000 dólares para su fondo pro templo?

Una sonrisa cruzó el rostro del pastor mientras contestaba:

—Si todavía no lo ha hecho, ¡pronto lo hará!

Me parece que Bruno iba a dar porque tenía que hacerlo, no porque quería.

Usted no hallará gozo en dar si lo hace porque tiene que hacerlo o porque se siente culpable si no lo hace. En tal caso, dar probablemente solo lo enojará. La dadivosidad alegre es más que tirar dinero al plato de las ofrendas. Es intención más que dinero.

Implicaciones y acciones

¿Es usted íntegro en la gracia de dar? Tal vez Dios lo ha dotado de muchas maneras, pero como los corintios, tienes carencia en esta área. Los cristianos no pueden experimentar el gozo pleno de la vida cristiana a menos que sean íntegros en el área de dar.

Dar, sin embargo, no comienza con la billetera sino al darnos a nosotros mismos. Una vez que verdaderamente lo hacemos, dar dinero se convierte en gozo porque nos damos cuenta lo bendecidos que somos en invertir en la obra del reino de Dios. Cuando damos, podemos mirar alrededor de todo lo que Dios está haciendo y saber que formamos parte de algo que es más grande que nosotros mismos.

Así que dé, pero no por culpabilidad o coacción. No dé con la intención de un avaro, creyendo que si da dinero obtendrá más dinero en retorno. Dé en gratitud por el regalo que Dios nos ha dado en Jesucristo. Dar no solo es parte del evangelio; es la esencia del evangelio.

PREGUNTAS

1. Considere esta declaración: *La dadivosidad cristiana no se trata de cuánto deba dar sino de cuánto deba guardar.* ¿Está de acuerdo? ¿Por qué?

2. ¿Le parece que dar es algo gozoso o doloroso? ¿Por qué?

3. Piense en su patrón de dadivosidad. ¿Da de manera regular y sistemática, o da si le sobra algo?

4. ¿Cuáles cree usted que serían las consecuencias prácticas si los cristianos repentinamente dejaran de dar a su iglesia local? ¿Cuáles serían las consecuencias espirituales?

5. ¿Cuáles serían las consecuencias para su iglesia si todos reflejaran su actitud hacia la dadivosidad y sus hábitos en cuanto a ello?

6. ¿Cómo cree usted que respondieron los corintios al pedido de Pablo de dar? ¿Cómo hubiera respondido usted?

TEXTO PRINCIPAL
Marcos 1:35-36, Lucas 4:16; 11:1-4;
Filipenses 4:6

TRASFONDO
Marcos 1:35-36, Lucas 4:16; 11:1-13;
Filipenses 4:6

IDEA PRINCIPAL
El ejemplo y la instrucción de Jesús
nos enseñan que los cristianos deben
adorar tanto en privado como con
otros creyentes.

PREGUNTA PARA EXPLORAR
¿Cuán importante es para
usted adorar?

OBJETIVO DEL ESTUDIO
Comprometerme a adorar en
privado y con otros creyentes.

COMENTARIO BREVE
Jesús adoró tanto en privado como
en público. Además, él enseñó a sus
discípulos cómo adorar. El ejemplo de
Jesús continúa dirigiendo las prácticas
de adoración cristiana tanto públicas
como privadas.

LECCIÓN SIETE
La disciplina de adorar

En los últimos años he estado escuchando una frase que considero que es un oxímoron: *guerras de adoración*. La frase se refiere a un choque de culturas que resultan en discusiones entre iglesias por el estilo apropiado de adorar. Algunos quieren una adoración tradicional que se aferra a himnos tradicionales, completa con música de órgano. Otros quieren música contemporánea con conjuntos de alabanza y guitarras. Algunos quieren libertad y espontaneidad, mientras que otros prefieren un libreto bien controlado con oraciones escritas y liturgias predeterminadas. Si bien entiendo el significado de la frase, guerras de adoración parece ser una ironía a lo mucho y una contradicción en el peor de los casos.

Piense en las experiencias de adoración más significativas en las que usted ha participado. Hace varios años fui a Brasil en un viaje misionero. La pequeña iglesia en la que predicaba usaba batería y guitarras. La gente se amontonaba en el pequeño edificio y cantaba de todo corazón. Ellos oraban con fervor y levantaban sus manos en alabanza. Era evidente que el Espíritu de Dios estaba en ese lugar. Sabían cómo adorar no solo con sus voces sino con cada gramo de su ser. Yo pensé, así es como se supone que debe ser la adoración.

Recentemente fui a Inglaterra. Cuando estuve allí adoré en la tradición anglicana de la Catedral de Canterbury. Cuando entré a la catedral, al instante, me di cuenta de una asombrosa presencia al darme cuenta de que creyentes han estado adorando en este lugar por más de 1.000 años. El techo alto me recordaba la trascendencia del Dios Todopoderoso. La acústica retumbaba con un misterioso eco. El servicio de adoración estaba sumamente programado. Leímos del *Libro de Oraciones Comunes*, y el coro cantó salmos que rebotaban en las paredes de piedra. Nadie se movía excepto para arrodillarse cuando la secuencia del servicio lo indicaba. Rodeado de tanta bella música y arquitectura majestuosa, era evidente que el Espíritu de Dios estaba en ese lugar. Yo pensé, *así es como se supone que debe ser la adoración*.

Ahora veo que puedo adorar en ambos estilos. Entonces, ¿cuál es la adoración auténtica? ¿Cómo la reconocemos cuando la percibimos? Ya sea que cantemos, oremos, demos o prediquemos, la adoración está dirigida a Dios y es para él.

MARCOS 1:35-36

[35]Levantándose muy de mañana, siendo aún muy oscuro, salió y se fue a un lugar desierto, y allí oraba. [36]Y le buscó Simón, y los que con él estaban.

LUCAS 4:16

[16]¿Vino a Nazaret, donde se había criado; y en el día de reposo entró en la sinagoga, conforme a su costumbre, y se levantó a leer.

LUCAS 11:1-4

[1]Aconteció que estaba Jesús orando en un lugar, y cuando terminó, uno de sus discípulos le dijo: Señor, enséñanos a orar, como también Juan enseñó a sus discípulos. [2]Y les dijo: Cuando oréis, decid: Padre nuestro que estás en los cielos, santificado sea tu nombre. Venga tu reino. Hágase tu voluntad, como en el cielo, así también en la tierra. [3]El pan nuestro de cada día, dánoslo hoy. [4]Y perdónanos nuestros pecados, porque también nosotros perdonamos a todos los que nos deben. Y no nos metas en tentación, mas líbranos del mal.

FILIPENSES 4:6

[6]Por nada estéis afanosos, sino sean conocidas vuestras peticiones delante de Dios en toda oración y ruego, con acción de gracias.

Jesús adoró en privado (Marcos 1:35-36)

Marcos describió a Jesús en constante acción. Jesús había llamado a sus primeros discípulos, sacado a un espíritu maligno de un hombre, sanado a la suegra de Simón Pedro y ministrado a una multitud que vino a él al anochecer.

Jesús se mantuvo muy ocupado, pero temprano en la mañana encontró tiempo para alejarse del ajetreo del ministerio para orar. La oración es una disciplina de adoración que demostró Jesús. Uno tiene la sensación de que Jesús necesitaba ese tiempo para prepararse para el atareado día que le esperaba. Si Jesús necesitaba adorar en privado, ¿cuánto más nosotros?

La Biblia dice que Jesús fue a un lugar desierto para estar a solas. Un "lugar desierto" significa literalmente un *lugar desértico*. Por un lado, se refiere a un lugar donde Jesús podía ir sin que nadie lo fuera a encontrar. Pero Simón y sus compañeros al final lo encontraron y lo volvieron a poner en medio del ajetreo y bullicio. Pero por unos cuantos minutos, Jesús estuvo a solas con el Padre.

Pero un *lugar desértico* también conlleva matices oscuros. La frase hace recordar el momento en que Jesús estuvo en el desierto siendo tentado por Satanás. Allí Jesús descarriló las tentaciones de ser un mesías popular y político y en cambio tuvo la determinación de seguir la voluntad de Dios como un Siervo Sufrido. Ahora, una vez más, Jesús estaba solo en un lugar desértico después de un día ajetreado sanando a multitudes que lo adoraban. Quizás Jesús necesitaba adorar para volver a enfocar su atención en la razón por la cual vino. Él vino a predicar sobre el reino. Vino para sufrir y morir. Este tiempo de adoración debió haber servido para que Jesús se enfocase en su misión y continuase a protegiéndose en contra de la tentación de ser un salvador físico y político. Jesús se apartó para tener este tiempo de adoración en privado, rechazando una vez más la aclamación de las multitudes, para volverse a enfocar en su misión principal.

La adoración en privado nos ayuda a enfocarnos en la voluntad de Dios para nuestras vidas. Mediante nuestra adoración en privado el Espíritu de Dios nos revela la misión de Dios. La oración y adoración en privado nos recuerda la voluntad de Dios y nos aleja de la tentación.

VARIEDADES DE ESTILOS DE ADORACIÓN ENTRE LOS BAUTISTAS

Los cristianos a través de los siglos han adorado a Dios de diversas maneras. Algunos celebran la Cena del Señor cada semana mientras que otros lo hacen de vez en cuando. Los cuáqueros a menudo adoran juntos en total silencio hasta que el Espíritu mueve a alguien en la congregación a decir una palabra del Señor. La adoración anglicana es muy formal, con una liturgia establecida que rara vez varía, mientras que la adoración pentecostal es libre y espontánea.

La adoración bautista ha sido influenciada por tradiciones de forma y orden al igual que la libertad para que se mueva el Espíritu. Usted puede encontrar formas diferentes de adorar en las iglesias bautistas por todo el mundo.

Haga un estudio de las diferentes tradiciones de adoración. ¿Qué tradiciones cree usted que han influenciado la adoración que hay en su iglesia?

Jesús adoró en público (Lucas 4:16)

Jesús no sólo adoró en privado, sino que también lo hizo en público. Adorar a solas es una disciplina muy importante que mejora nuestra vida espiritual. Pero si no participamos también en la adoración congregacional, nos estamos privando de una vital experiencia espiritual que no se puede reproducir en otro lugar.

La Escritura nos dice de un día sábado en particular en el que Jesús se fue a la sinagoga en la ciudad donde se crió, Nazaret. Esta era su *iglesia local*, por así decirlo. Difícilmente se diría que fue la primera vez que había estado con estas personas. Él las había conocido toda su vida. Eran sus amigos y familiares. Él escogió esta ambiente de adoración congregacional para anunciar el inicio de su ministerio.

La Biblia indica que Jesús tenía la costumbre de asistir a la adoración congregacional. Esto no era una experiencia de una sola vez sino que era la culminación de toda una vida de adoración con la gente que conocía bien.

Jesús participaba en la adoración no solo mediante su asistencia, sino también en un papel de liderazgo cuando se ponía de pie para leer la Escritura. Aunque en este sermón sus amigos y familia reaccionaron de forma negativa a su sermón, Jesús no obstante entendía la importancia de adorar en un ambiente congregacional.

De vez en cuando alguien me dice que puede adorar a Dios en el lago o en la cancha de golf con la misma efectividad como si estuviera en la iglesia. Si bien supongo que es posible adorar en la cancha de golf, dudo que realmente suceda. La adoración en privado es importante, como lo dije anteriormente. Pero si no nos reunimos con el pueblo de Dios en adoración congregacional, nuestra experiencia cristiana será deplorablemente incompleta. La adoración como parte de la congregación es indispensable para el cristiano. Sin ella no podemos participar en la misión de la iglesia, la cual es glorificar a Dios. Cuando los hijos de Dios adoran juntos, el Espíritu de Dios se presenta de manera singular, obrando en nuestras vidas.

Jesús nos dio el ejemplo de la adoración congregacional. Seríamos tontos en no participar con el cuerpo de Cristo en ese momento tan importante y extraordinario.

Jesús enseñó a sus discípulos a adorar (Lucas 11:1-4)

Jesús no solo adoró en privado y en público, también enseñó a sus discípulos a adorar, en particular por medio de la disciplina de orar. En esta ocasión parece que mientras Jesús oraba con los discípulos que estaban presentes, su oración los motivó a hacer preguntas acerca de la oración. Ellos querían que Jesús les enseñara a orar. No era un pedido poco común. Los alumnos a menudo pedían a sus rabinos que les enseñaran a orar. Jesús nos dio un modelo para todo momento.

Una madre oyó a su hijita decir el abecedario con un tono muy reverente. "¿Qué estás haciendo?" preguntó la madre.

"Estoy orando", dijo la niñita. "No puedo pensar en las palabras correctas así que estoy diciendo todas las letras del abecedario y Dios las juntará por mí".

Si bien esa fe de niño es alentadora, Jesús nos ayudó a pensar en las palabras correctas. Él enseñó a sus discípulos una oración modelo que continúa sirviendo como modelo para todos los creyentes en todo momento.

La oración y la adoración empiezan con el reconocimiento de la naturaleza santa de Dios. La palabra "santificado" significa que Dios es sagrado y apartado de todos los demás seres. En la adoración podemos expresar esta verdad en himnos de alabanza.

Jesús luego pidió que el reino de Dios viniera. Esto sucede cuando la gente de este mundo ordena su vida en torno a la misión y el propósito de Dios.

Jesús prosiguió reconociendo nuestra necesidad de Dios en este mundo. Él le pidió a Dios que nos diera las cosas que necesitamos para la vida física diariamente.

Pero necesitamos más que el sustento físico. Necesitamos perdón. Dios está listo a perdonar, pero debemos reconocer la necesidad de perdonar a los demás. El perdón tiene dimensiones tanto espirituales como sociales. Puesto que Dios nos perdona, nosotros también necesitamos perdonar a aquellos que nos han lastimado. Perdonamos porque hemos experimentado el perdón de Dios.

Por último, Jesús dijo que debemos orar para que Dios nos ayude cuando somos tentados. Dios está listo para darnos la fortaleza para resistir la tentación para que no caigamos en la tentación.

La oración de Jesús nos da un modelo útil para la adoración, sea que estemos adorando en público o en privado. La adoración debe incluir alabanza, petición, confesión, perdón y aliento para permanecer fuertes ante la tentación.

La enseñanza de Jesús a sus discípulos indica la tremenda responsabilidad que tenemos de enseñar a la gente de todas las edades cómo adorar. Líderes de adoración, maestros y especialmente padres de familia tienen una maravillosa oportunidad cada semana de capacitar a otros en la adoración. Los pastores y ministros de música tienen la responsabilidad de enseñar a las congregaciones al ser modelos de patrones de adoración teológicamente sanos. Los padres tienen una gran oportunidad porque, como los hijos ven adorar a sus padres, harán preguntas sobre las cosas que ven que están sucediendo.

Jesús nos enseñó a adorar. Ahora tenemos la oportunidad de enseñar a otros.

No se preocupe, sólo adore (Filipenses 4:6)

Ruth Bell Graham ha sido reconocida por haber dicho esta gran verdad: "La adoración y la preocupación no pueden vivir en el mismo corazón; se excluyen mutuamente". Dos mil años antes el apóstol Pablo dijo algo parecido. Les dijo a los filipenses que no estén "afanosos por nada". Esa fue una declaración tremenda que hacer a los filipenses, quienes tenían mucho de qué preocuparse. Estaban pasando por aflicción económica y sufriendo persecución.

Pablo dijo que debían orar y adorar. Debían expresar sus temores delante de Dios y pedir que se suplan sus necesidades diarias. Debían adorar con acción de gracias. Debían presentar sus peticiones al Señor con valentía. Entonces podían dejar sus ansiedades en las manos de Dios.

Adorar a Dios elimina cualquier razón para estar afanado porque nuestra adoración expresa nuestra confianza en Dios. Si continuamos estando afanados, hemos traicionado la confianza en Dios y nuestra adoración es un rito vacío. La verdadera adoración resulta en confianza total. La verdadera oración y adoración nos cambia.

La película *Shadowlands* [Tierras sombrías] describe la historia de C. S. (Jack) Lewis, el autor cristiano. En particular, se enfoca en las terribles dificultades de Lewis y su esposa Joy cuando ella estaba sufriendo de cáncer. En un momento de la historia un amigo le dice a Lewis: "Jack, sé lo mucho que has estado orando; y ahora Dios está contestando tus oraciones". Lewis luego dice: "Esa no es la razón por la cual oro, Harry. Yo oro porque no puedo evitarlo. Oro porque necesito ayuda. Oro porque es una necesidad que sale de mí todo el tiempo, sea que esté dormido o despierto. No cambia a Dios; me cambia a mí".

ESTUDIO DE UN CASO

Una pareja en su clase de Escuela Dominical no ha estado asistiendo al culto de adoración últimamente. Cuando usted les pregunta por qué, ellos contestan: "No sacamos nada de la adoración. No suple nuestras necesidades". ¿Qué les diría usted?

A medida que aprendemos a confiar en Dios en las constantes disciplinas de orar y adorar, somos cambiados. La adoración elimina la preocupación porque en la verdadera adoración aprendemos a confiar en un Dios todopoderoso.

Implicaciones y acciones

Los cristianos pueden y a menudo tienen fuertes opiniones referente a los estilos de adoración. Eso es de esperar. Pero las preferencias personales no deben crear ni hostilidad ni animosidad entre los adoradores. La adoración es una disciplina unificadora de la fe cristiana.

El estilo no es el verdadero problema. El verdadero problema es que para muchas personas la adoración se trata de ellos y sus propios deseos. Pero la adoración, sea en privado o congregacional, no se trata de nosotros. La adoración se trata de Dios. La adoración debe llevarnos a reconocer la santidad de Dios, anhelar el reino venidero de Dios, confiar en que Dios proveerá, deleitarse en el perdón y rogar para recibir fortaleza para que nos ayude a vivir vidas piadosas.

Cuando asista a los cultos de adoración, busque esos momentos que han sido diseñados para llevarlo a una verdadera adoración de Dios. Entréguese a Dios. No se preocupe por nadia, solo adore.

PREGUNTAS

1. ¿Con qué frecuencia practica usted la adoración en privado? ¿Cuándo sería el mejor momento en su atareado calendario para estar a solas con Dios?

2. ¿Qué prácticas cree usted que pueda usar en su tiempo de adoración en privado?

3. Estudie el orden de la adoración que provee su iglesia. ¿Dónde están las oportunidades que tiene para alabar a Dios, confiar en Dios, confesar los pecados, regocijarse en el perdón y orar para recibir fortaleza?

4. ¿Adoran juntos usted y su familia? Piense en momentos en que puede enseñar a sus hijos o nietos acerca de la adoración.

5. ¿Cómo puede usted ayudar a la gente de su iglesia a comprender las venta-
jas de la diveridad de estilos en la adoración colectiva?

TEXTO PRINCIPAL
Mateo 18:15-17, 21-35;
2 Corintios 2:5-11

TRASFONDO
Mateo 18:15-35; 2 Corintios 2:5-11

IDEA PRINCIPAL
El seguir a Cristo es un llamado a los creyentes a relacionarse unos con otros mediante la comunicación abierta, una preocupación por la iglesia en su totalidad y una disposición a perdonar.

PREGUNTA PARA EXPLORAR
¿Cómo pueden los miembros de la iglesia desarrollar y mantener relaciones según el modelo de Cristo los unos con los otros?

OBJETIVO DEL ESTUDIO
Comprometerme a seguir maneras de relacionarme con los demás que reflejen a Cristo.

LECCIÓN OCHO
La disciplina de las relaciones según el modelo de Cristo

COMENTARIO BREVE
El evangelio reconcilia a la gente con Dios y al uno con el otro. Cuando hay una mala relación con otro creyente, esta relación debe ser restaurada. Jesús y Pablo nos dieron modelos para reconciliarnos mutuamente y restaurar relaciones que reflejen a Cristo.

Tomás Borge fue un combatiente sandinista que luchó por la libertad en Nicaragua. Luchando contra un régimen totalitario lo metieron a la cárcel, lo torturaron, lo forzaron a usar una capucha durante nueve meses, y aguantó que sus enemigos violaran a su esposa. Borge fue puesto en libertad después de la revolución y llegó a ser el Ministro del Interior del nuevo gobierno. Aunque quizás no estemos de acuerdo con la filosofía política de Borge, su teología práctica era asombrosa. Él enfrentó a sus torturadores en la sala del tribunal y la corte le permitió nombrar la clase de venganza que quería que ellos sufrieran. Mientras Borge miraba a sus enemigos él contestó: "Mi venganza es perdonarlos"[1].

La actitud de Borge parecía casi increíble. ¿Cómo es posible que una persona perdone a alguien que ha hecho tanto daño? En este mundo, particularmente en el plano de la política revolucionaria, la reacción natural y esperada de tal víctima sería causar todo el dolor posible al autor del crimen. Sin embargo, aun en este contexto secular y revolucionario, Tomás Borge estaba listo para perdonar.

Las relaciones entre cristianos son incluso más importantes que las relaciones políticas. No obstante, con frecuencia hallamos relaciones en la iglesia que son tensas o que están rotas debido a alguna ofensa en contra de un creyente. Las relaciones cristianas sufren porque alguien importunó a un hermano en el estacionamiento o escuchó una palabra ofensiva en el pasillo. A veces los creyentes se destrozan a causa de un trato de negocios que salió mal. Vienen a la iglesia los domingos por la mañana, se sientan en el mismo salón a adorar y compartir la comunión, pero salen del templo sin encontrar que es posible perdonar y reconciliarse.

Jesús mandó a que se reconcilien sus seguidores mutuamente. Luego ofreció instrucciones específicas sobre cómo reconciliarse. Jesús insistió en la comunicación abierta, un interés por la unidad de la iglesia, y un deseo de perdonar. Además, Pablo dio un ejemplo excelente basado en una situación en la iglesia de Corinto acerca de cómo perdonar a alguien que nos ha ofendido. Si un revolucionario comunista como Tomás Borge puede perdonar a alguien que lo torturó y violó a su esposa, entonces los discípulos de Jesús deben ser capaces de perdonar aun más.

MATEO 18:15-17, 21-35

[15] Por tanto, si tu hermano peca contra ti, ve y repréndele estando tú y él solos; si te oyere, has ganado a tu hermano. [16] Mas si no te oyere,

toma aún contigo a uno o dos, para que en boca de dos o tres testigos conste toda palabra. [17]Si no los oyere a ellos, dilo a la iglesia; y si no oyere a la iglesia, tenle por gentil y publicano.

• •

[21]Entonces se le acercó Pedro y le dijo: Señor, ¿cuántas veces perdonaré a mi hermano que peque contra mí? ¿Hasta siete? [22]Jesús le dijo: No te digo hasta siete, sino aun hasta setenta veces siete. [23]Por lo cual el reino de los cielos es semejante a un rey que quiso hacer cuentas con sus siervos. [24]Y comenzando a hacer cuentas, le fue presentado uno que le debía diez mil talentos. [25]A éste, como no pudo pagar, ordenó su señor venderle, y a su mujer e hijos, y todo lo que tenía, para que se le pagase la deuda. [26]Entonces aquel siervo, postrado, le suplicaba, diciendo: Señor, ten paciencia conmigo, y yo te lo pagaré todo. [27]El señor de aquel siervo, movido a misericordia, le soltó y le perdonó la deuda. [28]Pero saliendo aquel siervo, halló a uno de sus consiervos, que le debía cien denarios; y asiendo de él, le ahogaba, diciendo: Págame lo que me debes. [29]Entonces su consiervo, postrándose a sus pies, le rogaba diciendo: Ten paciencia conmigo, y yo te lo pagaré todo. [30]Mas él no quiso, sino fue y le echó en la cárcel, hasta que pagase la deuda. [31]Viendo sus consiervos lo que pasaba, se entristecieron mucho, y fueron y refirieron a su señor todo lo que había pasado. [32]Entonces, llamándole su señor, le dijo: Siervo malvado, toda aquella deuda te perdoné, porque me rogaste. [33]¿No debías tú también tener misericordia de tu consiervo, como yo tuve misericordia de ti? [34]Entonces su señor, enojado, le entregó a los verdugos, hasta que pagase todo lo que le debía. [35]Así también mi Padre celestial hará con vosotros si no perdonáis de todo corazón cada uno a su hermano sus ofensas.

2 CORINTIOS 2:5-11

[5]Pero si alguno me ha causado tristeza, no me la ha causado a mí solo, sino en cierto modo (por no exagerar) a todos vosotros. [6]Le basta a tal persona esta represión hecha por muchos; [7]así que, al contrario, vosotros más bien debéis perdonarle y consolarle, para que no sea consumido de demasiada tristeza. [8]Por lo cual os ruego que confirméis el amor para con él. [9]Porque también para este fin os escribí, para tener la prueba de si vosotros sois obedientes en todo. [10]Y al que vosotros perdonáis, yo también; porque también yo lo que he perdonado, si algo he perdonado, por vosotros lo he hecho en presencia de Cristo, [11]para que Satanás no gane ventaja alguna sobre nosotros; pues no ignoramos sus maquinaciones.

Una receta para reparar relaciones (Mateo 18:15-17)

Las relaciones, incluso en la iglesia, son actividades complicadas que conllevan posibilidades tremendas de producir conflicto. Los conflictos tienen el poder de dañar las relaciones. Si bien las relaciones dañadas a veces surgen de simples malentendidos, las relaciones retorcidas también pueden surgir cuando una persona peca en contra de otra. Jesús sabía esto ya que sus seguidores vivían en un mundo imperfecto; las relaciones rotas entre ellos eran inevitable. Pero a pesar de que vivimos en este mundo, también vivimos en el reino de Dios. Nuestras relaciones mutuas deben ser relaciones que estén de acuerdo con su reino. Esas relaciones deben ser armoniosas para mostrar al mundo que seguir a Jesús ofrece una manera diferente de vivir.

¿Cómo deberían restaurar y reparar los discípulos de Jesús las relaciones rotas? Jesús nos dio una receta que hace énfasis en el amor como el móvil y la restauración como el resultado deseado.

Primeramente, Jesús dijo que si alguien ha pecado en contra suya, usted tiene la responsabilidad de tomar la iniciativa de restaurar la relación. El proceso de reconciliación empieza con el acto de aquel contra quien se pecó. No es que el pecador no tenga responsabilidad, sino que la persona que pecó puede que no tenga la capacidad de tomar la iniciativa. La persona a la que se le trató injustamente a menudo está en una mejor posición para iniciar la reconciliación.

El primer intento de restaurar una relación rota debe ser en privado, sin humillación o exposición pública. La intención debe ser restaurar la relación, no avergonzar o castigar al que causó la ofensa. Si éste está dispuesto a reconciliarse, no hay motivo para convertirlo en un asunto público o incluso hablar de ello otra vez.

Sin embargo, la persona puede rehusarse a reconciliarse mediante una súplica privada. En ese caso la persona ofendida debe llevar a una o dos personas de la iglesia para discutir el asunto con el que cometió la ofensa. Jesús citó Deuteronomio 19:15 cuando dijo estas palabras. La ley estaba interesada con tener suficiente evidencia en el tribunal. Los testigos ayudaban a establecer la naturaleza de la ofensa y determinar si la ofensa era real. Quizás también la esperanza era que los testigos pudieran ayudar a mediar la reconciliación entre las partes que estaban separadas.

Si aún no había reconciliación, se convertía en un asunto de la iglesia porque una relación rota afectaba la unidad de la iglesia. Fíjese en la noción de rendir cuentas que había en este dificultoso paso. Los discípulos de Jesús se rinden cuentas mutuamente. Si existe una relación rota en la iglesia, ésta debe asumir la responsabilidad de mantener la unidad interna. Si el que cometió la ofensa aún así no desea la reconciliación, la iglesia debe reconocer que la persona está rechazando tener comunión con la iglesia. Este es un momento grave para cualquier congregación cuando se da cuenta de que una persona ha elegido excluirse de la comunión cristiana.

Aún permanece la posibilidad de reconciliación después de que la persona se ha excluido. Pero a estas alturas se vuelve responsabilidad del que cometió la ofensa tomar la iniciativa de reconciliarse. Cuando eso sucede, la iglesia debe estar lista para perdonar y restaurar a la persona para que nuevamente esté en comunión con los hermanos.

La clave para la reparación de relaciones (Mateo 18:21-35)

La clave para la reconciliación es el perdón. No puede haber restauración si no podemos perdonar a alguien que nos ha tratado mal.

Pedro le preguntó a Jesús: *¿Cuántas veces perdonaré a mi hermano que peque contra mí? ¿Hasta siete?* Pedro creyó que estaba siendo bien generoso ya que los rabinos judíos enseñaban que la gente debía perdonar tres veces pero no cuatro. Pedro duplicó el requisito y añadió una vez más por si acaso.

Jesús había enseñado a los discípulos a que oraran: *Perdónanos nuestras deudas, como también nosotros perdonamos a nuestros deudores.* ¿Queremos que Dios nos perdone solo siete veces? Yo necesito más perdón que ese.

Jesús contestó que debíamos perdonar sin llevar la cuenta. Jesús no estaba declarando el número de veces que debíamos de perdonar sino que estaba diciendo que el perdón debía ser infinito. No debemos poner límites a la frecuencia con que perdonamos a un hermano o hermana que peca contra nosotros. En este mundo la venganza no tiene límites. En el reino de los cielos el perdón no tiene límites.

Jesús contó una historia para ilustrar el principio de perdón. Un rey perdonó a un hombre una deuda de10.000 talentos. Esta suma era inmensa y ascendía a casi 60.000.000 de denarios según un estimado. Puesto que un denario era equivalente al sueldo que ganaba un obrero en un día, el hombre hubiera tenido que trabajar 60 millones de días tan solo para pagar su deuda. ¡Qué tremenda deuda!

Cuando el deudor a quien se le había perdonado regresó a la calle, vio a otro hombre que le debía 100 denarios. El hombre le rogó para que le diera más tiempo pero fue rechazado. De hecho, el hombre que había sido perdonado por el rey mandó a que echaran en la cárcel a su deudor hasta que pudiera pagar. Por supuesto él nunca iba a poder pagar ya que estaba en la cárcel y no podía trabajar. Cuando el rey se enteró de esta injusticia, tomó al primer hombre y no solo lo echó en la cárcel sino que lo entregó para que fuese torturado hasta que pagase los 10.000 talentos.

La misericordia de Dios es infinita. Él perdona la gran deuda del pecado. ¿Cómo podemos entonces rehusarnos a perdonar a alguien que ha pecado contra nosotros?

LAMEC Y LA VENGANZA

En Génesis 4:19-24 se menciona a un hombre llamado Lamec. Él dijo a sus esposas Ada y Zila: "Que un varón mataré por mi herida, y un joven por mi golpe. Si siete veces será vengado Caín, Lamec en verdad setenta veces siete lo será". Así Lamec expresó la actitud de venganza de este mundo. Él estaba diciendo que la venganza era ilimitada.

Cuando Pedro preguntó a Jesús cuántas veces debía perdonar, Pedro sugirió siete veces. Pedro creía que estaba siendo generoso. Quizás tenía en mente la historia de Lamec. Tal vez Jesús también recordó la historia de Lamec ya que indicó que debíamos perdonar 77 veces. Jesús ciertamente puso marcha atrás a la ley de la venganza que Lamec había expresado. En lugar de venganza ilimitada, un seguidor de Jesús debe practicar el perdón ilimitado.

El mundo se horrorizó en el período subsiguiente a la balacera que perpetró un enloquecido hombre armado en una escuela de los Amish. Puso a los estudiantes en fila y les disparó. Muy rara vez se ha cometido tal atrocidad. Pero el mundo se quedó asombrado cuando los reporteros entrevistaron a los

Amish. Aunque hubo una tremenda tristeza, también hubo perdón. Los Amish perdonaron al hombre armado y visitaron y consolaron a su esposa. Algunos incluso fueron a su funeral. Sus acciones llenas de gracia dijeron muchísimo a un mundo que a menudo busca la revancha. Ellos mostraron perdón sin límites. Sus palabras y acciones fueron un testimonio increíble del evangelio de Jesucristo. Dios se glorificó porque ellos perdonaron. La mayoría de nosotros nunca tendrán que perdonar en circunstancias como la balacera de los Amish. Pero ellos nos dieron un maravilloso ejemplo de la enseñanza de Jesús acerca del perdón.

Un ejemplo de la reparación de una relación (2 Corintios 2:5-11)

Alguien en la iglesia de Corinto evidentemente había hecho algo que ofendió a Pablo. Es imposible de determinar la naturaleza exacta de la ofensa. Algunos estudiosos han especulado que la ofensa podría estar relacionada con el hombre que Pablo condenó en 1 Corintios 5, pero no hay una evidencia segura que indique que Pablo estaba tratando ese tema aquí. Sea cual sea el caso, alguien había cometido una grave ofensa contra Pablo que había resultado en una ruptura de relaciones en la iglesia.

La ofensa no solo lastimó a Pablo sino que también dañó a la iglesia. Pablo había escrito una *carta severa* a la iglesia, evidentemente aconsejando a la iglesia que disciplinen a este hombre. Esta disciplina se había efectuado con vigor y quizás había resultado en más ruptura de la unidad en la iglesia. Una relación rota tiene efectos de largo alcance. No solo lastima a la persona que pecó y a la persona en contra de quien se pecó, sino que lastima a toda la comunidad. El pecado que cometió este hombre en contra de Pablo puso en marcha una cadena de eventos que causó una ruptura en la unidad de toda la iglesia.

Pablo insistió en que la disciplina que la mayoría de la iglesia impuso al hombre fue más que suficiente y que había llegado la hora de la restauración. De hecho, una persona podría suponer basada en las palabras de Pablo que a la iglesia de Corinto se le había pasado la mano en su disciplina, alienando no solo al hombre sino también a otros en la congregación. Él pidió a la iglesia que perdonara al ofensor y lo consolara. El perdón es la actitud pasiva que hace posible la reconciliación. Pero ellos debían de ir más allá del perdón para consolar al hombre en forma activa para asegurarle que había sido restaurado para tener comunión con los hermanos.

El propósito de la disciplina era doble. Primero, debió haber motivado al hermano que ofendió a que se arrepintiera teniendo como meta final la reconciliación completa con la iglesia. Pablo indicó que el hermano estaba lo suficientemente triste. Si la iglesia continuaba con su disciplina austera, el hombre podría consumirse tanto de tristeza que se alejaría de la fe. La intención de la disciplina de la iglesia no es castigar. En cambio, el deseo de la disciplina es el arrepentimiento y la restauración.

El segundo punto de la disciplina era probar a la iglesia de Corinto para ver si tomaban en serio las implicaciones morales y éticas del evangelio. Pablo quería ver si iban a ser obedientes a su dificultoso pedido. En verdad fueron obedientes, tal vez aun más de lo que Pablo quería.

La disciplina de la iglesia es una de las partes más difíciles de la vida de la iglesia. Sin embargo, a veces es necesario a fin de continuar un testimonio puro para el mundo y mantener la unidad en la iglesia.

Pablo instó a toda la iglesia a que perdonara y consolara al hombre. Pablo incluso tomó el primer paso, diciendo que ya lo había perdonado, no solo por el bien del hombre sino por el de la iglesia. Perdonar y restaurar al hombre para que tenga comunión con los hermanos no solo reconciliaría al hombre con la iglesia sino que reconciliaría las facciones mayoritarias y minoritarias de la congregación.

Si no había reconciliación, Pablo temía que ellos estuviesen cayendo en las manos de Satanás. Una de las estratagemas del diablo es dividir a la iglesia por asuntos que se podrían resolver si los de la iglesia se perdonaran el uno al otro. Teniendo bien establecidas las relaciones que reflejen a Cristo, la iglesia está mejor capacitada para lograr su propósito a pesar de los intentos de Satanás de frustrar esos planes.

ESTUDIO DE UN CASO

Benjamín, Gerardo y María, la esposa de Gerardo, asisten a la misma iglesia. Benjamín le hizo un comentario inapropiado a María e incluso sugirió una conducta inapropiada. Gerardo y María se ofendieron con razón. La ofensa resultó en una ruptura en la relación que tenían. Gerardo y María están considerando dejar la iglesia. ¿Qué deberían hacer? ¿Qué haría si usted fuera Gerardo o María? ¿Qué acciones debería tomar la iglesia?

Implicaciones y acciones

Las relaciones sanas y que reflejen a Cristo son cruciales para el bienestar de la iglesia y para que ésta mantenga un testimonio positivo para el mundo. Las relaciones rotas son pecaminosas. Jesús vino para reconciliar a la gente con Dios y se reconcilien entre sí. Si nos rehusamos a reconciliarnos mutuamente, estamos negando el evangelio y frustrando el propósito de la venida de Cristo.

A nivel personal, todos hemos experimentado relaciones divididas de una manera u otra. Puede que una persona en su iglesia lo haya ofendido. A veces tapamos el problema y nunca tratamos de resolverlo. Creemos que el problema desaparecerá si tan solo lo ignoramos. Pero la relación está rota, aun si se sufre la ofensa en silencio. El evangelio exige que no vivamos sufriendo en silencio sino que nos reconciliemos con nuestro hermano o hermana tomando una acción positiva.

La tarea de reconciliación exige el perdón y el consuelo. No solo debemos encontrar perdón en nuestros corazones, sino que debemos ir en pos de acciones que aseguren a nuestros hermanos y hermanas que la relación está completamente restaurada. La gracia de Dios en nosotros nos da poder para cumplir con esta difícil pero necesaria obra.

A veces la iglesia debe ejercer disciplina. Tal disciplina siempre debe tener como meta la restauración a la comunión de los hermanos. Nunca debe ser con el propósito de castigar o estar diseñada para avergonzar. Debe buscar el arrepentimiento por parte del que cometió la ofensa, perdón por parte de la iglesia y reconciliación como meta final.

PREGUNTAS

1. ¿Cómo normalmente responde usted cuando alguien lo ofende? ¿Responde de una manera que refleja a Cristo o en forma impía?

2. ¿Bajo qué circunstancias cree usted que la iglesia debe practicar la disciplina? ¿Qué estaría involucrado en la disciplina de un miembro de la iglesia? ¿Qué procedimiento debería seguir la iglesia?

3. ¿Hay alguien en su iglesia a quien usted no ha podido perdonar? ¿Qué pasos necesita dar para restaurar la relación? ¿Está usted dispuesto a dar los pasos necesarios para restaurar esa relación?

4. ¿Qué tan efectiva sería la disciplina de la iglesia en nuestra sociedad si una persona que fue excluida simplemente se va a otra iglesia de los alrededores y se une a ella?

NOTAS

[1] Simon Wiesenthal, "The Sunflower: On the Possibilities and Limits of Forgiveness," Schocken Books, 1997, p. 123. (Ver también Tomas Borge, *Christianity and Revolution: Tomas Borge's Theology of Life*, Orbis Books, Maryknoll, NY, 1987.)
[2] La NVI dice 77 veces. Otras versiones traducen la frase 70 veces. Ambas son posibles. Jesús no estaba interesado en llevar la cuenta sino en la necesidad de ofrecer perdón sin poner límites.

TEXTO PRINCIPAL
Colosenses 3:1-14

TRASFONDO
Colosenses 2:20—3:14

IDEA PRINCIPAL
Debido a la relación que tienen los cristianos con Cristo, ellos deben dejar de vivir de maneras que traigan deshonra a Cristo y empezar a vivir de maneras que le traigan honra.

PREGUNTA PARA EXPLORAR
¿Qué diferencia hace Cristo en la forma en la que usted vive cada día?

OBJETIVO DEL ESTUDIO
Decidir en por lo menos un cambio que haré en mi manera de vivir para honrar a Cristo.

COMENTARIO BREVE
Los seguidores de Jesús han muerto a la vieja manera de vivir. Un verdadero discípulo vive de una manera que refleja una nueva manera de vivir enfocada en el reino de Dios en vez de los caminos de este mundo.

LECCIÓN NUEVE

La disciplina de vivir correctamente

93

Piense en alguna persona a quien usted haya conocido y que cambió su vida desde el momento en que la conoció. El resultado quizás llegó de una manera totalmente sorpresiva. Tal vez cuando se conocieron usted ni siquiera sabía que su vida jamás volvería a ser la misma.

Recuerdo muy bien el momento en que conocí por primera vez a mi esposa. Fue el primer día de mi penúltimo año en la universidad. Fue un miércoles, y me había ido a la iglesia como era mi costumbre los miércoles en la noche. Estaba parado en la fila para servirme un plato lleno de comida en nuestra cena de compañerismo, y ella estaba parada delante de mí. Ella volteó y se presentó. No tenía la menor idea de que esa presentación iba a cambiar todo el trayecto de mi vida.

Después de conocerla, el concepto que yo tenía del mundo cambió. Ya no veía a las demás chicas como prospectos de novia. No quería pasar el tiempo haciendo las cosas que había hecho antes. Yo quería pasar tiempo con ella. Al final, yo estaba listo para tener un compromiso para toda la vida con ella delante de Dios. Renuncié a todas las demás relaciones, y dediqué mi tiempo a la familia. Hicimos ese compromiso público en nuestra boda. Ahora hemos estado casados más de 20 años y mi vida nunca ha sido como lo era antes que la conociera.

Desde que conocimos a Jesús, nuestra vida nunca ha sido como era antes que lo conociéramos. Antes de conocer a Jesús nuestras vidas giraban alrededor de las cosas de este mundo. Nos concentrábamos en las cosas mundanas que creíamos que nos iban a beneficiar. Pero cuando conocimos a Jesús, nuestro concepto del mundo cambió. Cuando nos bautizamos, nos comprometimos públicamente a renunciar a la vieja manera de vivir. Ya no nos enfocamos en nosotros mismos, sino en Cristo. Ya no vemos las cosas como antes y tampoco vivimos de la manera en que lo hacíamos. De hecho, ser un discípulo de Jesús nos impulsa a vivir correctamente.

COLOSENSES 3:1-14

[1]Si, pues, habéis resucitado con Cristo, buscad las cosas de arriba, donde está Cristo sentado a la diestra de Dios. [2]Poned la mira en las cosas de arriba, no en las de la tierra. [3]Porque habéis muerto, y vuestra vida está escondida con Cristo en Dios. [4]Cuando Cristo, vuestra vida, se manifieste, entonces vosotros también seréis manifestados con él en gloria.

> [5]Haced morir, pues, lo terrenal en vosotros: fornicación, impureza, pasiones desordenadas, malos deseos y avaricia, que es idolatría; [6]cosas por las cuales la ira de Dios viene sobre los hijos de desobediencia, [7]en las cuales vosotros también anduvisteis en otro tiempo cuando vivíais en ellas. [8]Pero ahora dejad también vosotros todas estas cosas: ira, enojo, malicia, blasfemia, palabras deshonestas de vuestra boca. [9]No mintáis los unos a los otros, habiéndoos despojado del viejo hombre con sus hechos, [10]y revestido del nuevo el cual conforme a la imagen del que lo creó se va renovando hasta el conocimiento pleno, [11]donde no hay griego ni judío, circuncisión ni incircuncisión, bárbaro ni escita, siervo ni libre, sino que Cristo es el todo, y en todos. [12]Vestíos, pues, como escogidos de Dios, santos y amados, de entrañable misericordia, de benignidad, de humildad, de mansedumbre, de paciencia; [13]soportándoos unos a otros, y perdonándoos unos a otros si alguno tuviere queja contra otro. De la manera que Cristo os perdonó, así también hacedlo vosotros. [14]Y sobre todas estas cosas vestíos de amor, que es el vínculo perfecto.

No mire hacia atrás (2:20-23)

El texto de trasfondo de esta lección nos recuerda la situación que Pablo estaba tratando cuando escribió a los colosenses. Ellos se habían comprometido con Cristo y habían aceptado el evangelio de la gracia que Pablo proclamaba. Sin embargo, parece que los falsos maestros se habían infiltrado en la iglesia y estaban animando a los miembros a regresar a algunas de las reglas y regulaciones en las que habían confiado antes de convertirse en cristianos.

La herejía específica que estaban enseñando los falsos maestros en Colosas era difícil de identificar. La carta a la iglesia nos da algunas pistas. La falsa enseñanza tenía algunos elementos que se habían identificado con los judaizantes. Los judaizantes creían que una persona tenía que convertirse en judío y seguir la ley judía antes de convertirse en cristiano. La falsa enseñanza también tenía algunos elementos de la mentalidad gnóstica. Los gnósticos creían que las cosas materiales eran malas y las espirituales eran buenas. Puesto que las cosas materiales eran malas, algunos se sentían con la libertad de abusar de sus cuerpos porque no veían la conexión entre la salud del cuerpo y la del espíritu.

Estos falsos maestros alentaban a los cristianos de Colosas para que regresaran a su vieja manera de vivir, a confiar en las obras de la carne en lugar de la gracia de Dios. Pablo les dijo que no miraran atrás, que no regresaran a la manera en que vivian antes de que conocieran a Cristo. Conocer a Cristo había cambiado todo para ellos. No podían regresar a la manera en que eran las cosas antes.

Resucitados a una nueva vida (3:1-4)

Pablo recordó a los colosenses que habían "resucitado" con Cristo en el bautismo. En la versión NVI, Colosenses 3:1 empieza: "Ya que han resucitado..." La expresión "ya que" es una buena traducción del significado en griego. No había incertidumbre en la mente de Pablo de que los colosenses se habían comprometido con Cristo. Ellos habían declarado su compromiso en el momento de su bautismo.

Pablo usó el tema del bautismo para describir lo que les había sucedido a los colosenses cuando conocieron a Jesús. Ellos habían muerto con Cristo y resucitado con él en su bautismo (2:12). Debido a esta experiencia real con Cristo, su meta en la vida había cambiado. Ellos veían las cosas desde una nueva perspectiva. Sus mentes estaban enfocadas en las cosas de Cristo en lugar de las cosas de este mundo.

Pablo también estaba haciendo alusión a la ascensión de Jesús. Jesús ascendió al cielo, y de esta misma manera, los creyentes colosenses habían ascendido por encima de las cosas de este mundo a fin de que cambiara su perspectiva. Los seguidores de Jesús ya no ven las cosas de la manera en que solían verlas, como cuando sus mentes se enfocaban en las cosas de este mundo. Ahora las ven desde una perspectiva celestial. Si los creyentes pueden ver cosas desde la perspectiva del reino de Dios, ¿por qué seguimos enfocando nuestras mentes en las cosas de este mundo?

El viejo hombre, antes de conocer a Jesús, está muerto. El compromiso que hacemos con Cristo elimina a la persona que éramos anteriormente. La vida nunca vuelve a ser la misma.

El nuevo hombre está bien vivo en Cristo, y Pablo describió la vida nueva como algo escondido en Cristo. Los paganos solían referirse a la muerte como esconderse en la tierra, pero los cristianos declaran estar escondidos en Cristo.

LA HEREJÍA COLOSENSE

Los estudiosos se han rascado la cabeza por los detalles de la falsa enseñanza que estaba sucediendo en Colosas. La falsa enseñanza parece haber tenido elementos de dos problemas que enfrentaba la iglesia primitiva.

Los judaizantes eran creyentes en Jesús, pero insistían en que una persona tenía que volverse judía antes de que Jesús pudiese salvarla. Esto incluía cumplir con las regulaciones dietéticas judías, celebrar ciertas fiestas y someterse a la circuncisión. Esto ha sido un tema de discusión en la iglesia desde sus primeros días de existencia y se nota especialmente en el Concilio de Jerusalén (Hechos 15:1-29).

El gnosticismo también fue un elemento de la herejía colosenses. Los gnósticos creían que todas las cosas materiales eran malas pero las espirituales eran buenas. Para progresar en el mundo espiritual uno tenía que tener conocimiento de ciertos misterios secretos. Puesto que se consideraba que las cosas físicas eran malas, algunos gnósticos abusaron de sus cuerpos como castigo del mal. Otros vivieron estilos de vida inmorales ya que creían que cualquier cosa que uno hacía con su cuerpo no afectaba al espíritu. Esta herejía no llegó a manifestarse plenamente hasta el siglo II, pero el Nuevo Testamento está lleno de argumentos en contra de una versión inicial del gnosticismo que se estaba metiendo en las iglesias.

La vida cristiana está más allá de la comprensión de este mundo porque no puede ver ni conocer a Cristo. Pero la vida del cristiano ya le pertenece la esfera por revelarse del reino de Dios.

El aspecto por revelarse perteneciente al reino será descubierto algún día cuando Cristo regrese y se dé a conocer al mundo. Sus seguidores estarán con él, entonces todos verán a Cristo como realmente es.

La vida cristiana debe llenarse tanto de Cristo que su objetivo, su mentalidad, y su esperanza se hallen unidas a Jesús. El secreto de la disciplina de vivir correctamente no es la obsesión con las cosas negativas de este mundo, sino la obsesión con el Cristo vivo. Si estamos completamente llenos de Cristo, no hay espacio para la obsesión con las cosas de este mundo.

Cosas que quitarse (3:5-11)

La persona que usted era antes de conocer a Cristo está muerta. ¿Qué parece la nueva persona resucitada? Pablo dijo: "hacer morir" todo lo que pertenece a la naturaleza terrenal. Él dio a los colosenses una lista de ejemplos de las cosas a las que se estaba refiriendo. La lista no es completa pero es instructiva.

Primero, Pablo mencionó pecados de origen sexual. El sexo, regalo de Dios, es maravilloso cuando se usa dentro de los límites del matrimonio, tal como fue diseñado. El abuso de este regalo de Dios indica claramente que la mente de una persona está enfocada en la gratificación propia en lugar del amor que da de manera desinteresada. Las palabras que usó Pablo indican que el abuso del sexo proviene de mentes que están enfocadas en este mundo en lugar del mundo de Dios.

El siguiente pecado que mencionó Pablo fue "codicia"; pecado que se condena en el décimo mandamiento. Codiciar significa desear tener algo que uno no tiene el derecho a tener. Codiciar se aplica a toda la gama de deseos terrenales. Pablo dijo que codiciar es simplemente idolatría porque el deseo de obtener cosas terrenales es, en realidad, adorar dioses falsos. Pablo advirtió a los colosenses y a todos los seguidores de Jesús, que la ira de Dios viene sobre los idólatras.

Pablo proveyó una segunda lista de cosas que pertenecen a la naturaleza terrenal. Él dijo a los colosenses: "Dejad también vosotros todas estas cosas". Aquí Pablo usó la metáfora de cambiarse de ropa. Figurativamente, la ropa que los cristianos habían usado antes que conocieran a Cristo estaba sucia y rota. *Déjenla*, les dijo Pablo. Esto probablemente es una continuación del tema del bautismo que introdujo anteriormente. Algunos estudiosos creen que cuando la gente se bautizaba en la iglesia primitiva, se quitaba la ropa vieja y se le daba ropa nueva blanca que simbolizaba su vida nueva y pura cuando salían del agua. Pablo parece usar esta ilustración para demostrar algunas de las cosas terrenales que los creyentes deben eliminar.

Las cosas que mencionó Pablo tienen que ver con relaciones que tenemos unos con otros, particularmente cuando se relacionan con palabras que salen de nuestros labios. Ira, enojo, malicia, blasfemia y palabras deshonestas no tienen cabida para el discípulo cuya mente está en las "cosas de arriba". Además, Pablo condenó el mentirse el uno al otro. Todas estas cosas son parte de la vieja manera de vivir porque se enfocan en uno en lugar del bienestar de los demás. Estos pecados destruyen las relaciones entre creyentes.

Es interesante notar que Pablo puso esta segunda lista de pecados al mismo nivel de los pecados sexuales de la primera lista. A menudo nos ofende grandemente la inmoralidad sexual pero rara vez nos molesta alguien que chismorrea o guarda resentimiento. No obstante, los pecados de actitud y del habla son tan parte de la vieja manera de vivir como lo son los pecados sexuales. Todas estas cosas deben quitarse de la vida cristiana porque son parte de la vieja vida que teníamos antes de conocer a Cristo.

Cosas que ponerse (3:10-14)

Los discípulos de Jesús deben ponerse una vida justa que sea digna del Cristo que proclaman. Pablo dijo que los colosenses ya se habían puesto el nuevo hombre. Esto es exactamente lo opuesto a lo que mencionó en Colosenses 3:5. La nueva "ropa" que se ha puesto el cristiano representa un cambio continuo y radical en la dirección ética.

Vivir correctamente significa que debemos comportarnos de la manera que Dios quiso cuando nos creó. Debemos estar en comunión con Dios y los unos con los otros. Este tipo de vida reconoce que todas las personas han sido creadas a la imagen de Dios. En este nuevo mundo, no hay barreras sociales que nos retengan como es el caso en el viejo mundo. Racismo, odio y prejuicio son parte de la vieja vida y deben desecharse.

Pablo dio otros ejemplos de vivir correctamente. Los cristianos deben vestirse de misericordia, benignidad, humildad, mansedumbre y paciencia. Estas cosas pertenecen a la nueva vida que los cristianos se han puesto. Son lo opuesto a la vieja vida porque tienen que ver con el bienestar de los demás en lugar del ego.

Quizás el atributo más revelador de la nueva vestidura que usa un creyente es la práctica del perdón. Se nos dice una y otra vez en el Nuevo Testamento, especialmente en las enseñanzas de Jesús, que debemos perdonar de la misma manera en que Dios nos ha perdonado. Pablo reiteró esa verdad alentando a los cristianos a que se soporten y perdonen mutuamente. Si los creyentes se perdonaran de la misma manera en que Dios nos perdona, no habría enojo, malicia o resentimientos. El perdón ayuda mucho para vivir correctamente.

EL BAUTISMO Y UN CAMBIO DE VIDA

Su amiga declaró su fe en Jesús y se bautizó el domingo pasado. Sin embargo, todavía está viviendo de la misma manera cuestionable en que vivía antes de ser salva. ¿Qué podría hacer usted para ayudarla a darse cuenta de que conocer a Jesús tiene como objetivo cambiar todo lo referente a su vida?

Por último, Pablo dijo que cubramos todas estas virtudes con amor. El amor debe ser como un saco o una envoltura que cubre todo lo demás. Él quizás incluso tuvo en mente una vestidura que sostuviera todo. El amor no es una emoción sino una acción basada en un compromiso a siempre hacer lo mejor por otra persona. El amor reúne todas las virtudes del vivir correctamente y nos estimula a vivir según la *nueva ropa* que nos pusimos cuando nos bautizamos.

Implicaciones y acciones

Ser un cristiano no es simplemente un acontecimiento de una sola vez que sucedió cuando aceptamos a Jesús como Salvador. En realidad, es un cambio radical de vida. Conocer a Jesús significa que las cosas nunca podrán ser las mismas para nosotros.

A veces los bautistas han enfatizado tanto el *caminar hacia el altar para ser salvo* que descuidamos la disciplina de vivir correctamente. Pero ser un seguidor de Jesús significa que toda nuestra vida es diferente porque hemos cambiado nuestra perspectiva de ver las cosas desde el punto de vista de este mundo a ver las cosas desde la perspectiva de Dios.

El bautismo expresa públicamente este cambio radical de vida. El bautismo es el evento en el que simbólicamente nos despojamos de la vieja vida y nos ponemos la nueva. A veces regresamos a la vieja vida, pero no tiene sentido para un creyente bautizado regresar allí. Es como tener un conjunto nuevo de ropa que está limpia y bien confeccionada, pero en cambio nos ponemos la ropa vieja que está sucia y que ya no nos queda. Lo único sensato que los creyentes bautizados pueden hacer es vivir según la nueva vida que Dios les ha dado.

PREGUNTAS

1. ¿Cuáles son algunas de las cosas que han cambiado en su vida desde que conoció a Cristo? ¿Cuáles son algunas cosas que no han cambiado pero que necesitan cambiar?

2. Pablo menciona varios ejemplos de cosas que son parte de la vieja vida. ¿Puede pensar usted en otras cosas de esa vida que no menciona Pablo pero que deberían eliminarse también de la vida cristiana?

3. Pablo menciona varios ejemplos de cosas que son parte de la nueva vida. ¿Puede pensar usted en otras virtudes que uno debería ponerse que no menciona Pablo?

4. De las virtudes que mencionó Pablo en los versículos 12-14, ¿cuál es la más difícil de practicar para usted?

Creciendo juntos

En un solo día, la iglesia del Nuevo Testamento creció 26 veces. Antes de la fiesta de Pentecostés, Hechos nos dice que hubo como 120 creyentes en la iglesia (Hechos 1:15). Después del sermón de Pedro, esta diversa congregación ascendió numéricamente a 3.120 (Hechos 1:15; 2:41). ¿Cómo maneja una iglesia esa clase de crecimiento numérico? Lucas describió un maravilloso cuadro de la vida en la iglesia primitiva en Hechos 2:42-47. En estas cinco lecciones, estudiaremos este pasaje junto con varios otros del Nuevo Testamento para entender cómo una iglesia no solo crece sino que crece junta.

Sin lugar a duda, la iglesia primitiva vivió un entusiasmo considerable. Pero la iglesia se caracteriza mejor por la palabra *compromiso*. Dos veces en su descripción de la iglesia de Jerusalén, Lucas usa la palabra *proskartero* para decir que los creyentes "perseveraban" (2:42) y estaban "perseverando" unánimes (2:46). Ellos expresaron este compromiso en cinco actividades principales.

Primero, dieron prioridad a la Escritura mientras perseveraban en la doctrina de los apóstoles (2:42). Pasajes de Romanos, 2 Timoteo y 2 Pedro explican el desarrollo de la profunda dependencia que tenían los discípulos de las Escrituras para que iluminaran sus creencias y sus prácticas.

Los discípulos también perseveraron en la koinonia o comunión, compartir sus vidas juntos (Hechos 2:42-47). La primera carta a los Corintios presenta una imagen de la iglesia como cuerpo compartiendo los dones que Dios le ha dado. En su alegre carta a una iglesia que le causaba gran gozo, la iglesia de Filipos, Pablo se regocijaba especialmente en la comunión que tenía con ellos mientras compartían el evangelio juntos.

En el resumen de Lucas en Hechos 2:42-47, también vemos a la iglesia adorando. Los creyentes alababan con reverencia, alegría y generosidad. Mientras predicaban, oraban, participaban en la Cena del Señor y cantaban, los primeros cristianos daban a Dios la atención de sus mentes y el afecto de sus corazones. Las enseñanzas de Pablo acerca de la Cena del Señor (1 Corintios 11:17-34) y acerca de la comunicación mediante la música (Efesios 5:19-20) describen la imagen de la adoración neotestamentaria.

El discipulado, comunión y adoración de los primeros creyentes se desbordó convirtiéndose en interés práctico por suplir necesidades físicas. Tanto dentro como fuera de la iglesia, su amor por Cristo los llevó a amar a otra gente de manera práctica. La invitación de Pablo a los corintios para que dieran una ofrenda especial (1 Cor. 16:1-3) y la enseñanza de Santiago acerca de demostrar la fe por medio de obras prácticas de servicio (Santiago 2:14-17) ofrecen más conocimiento íntimo de la dimensión ministerial de la iglesia primitiva.

¿Qué sucede cuando una iglesia enseña las Escrituras, tiene comunión, adora con regularidad y ministra las necesidades? En Jerusalén, el Señor "añadía cada día a la iglesia los que habían de ser salvos" (Hechos 2:47). A medida que los creyentes cumplían la Gran Comisión (Mateo 28:18-20) y se daban cuenta que Jesús los había enviado al mundo (Juan 20:19-21), ellos descubrían que el evangelio los impulsaba a mayores círculos concéntricos de interés. Tal como lo había prometido Jesús, el evangelio se esparció desde los judíos en Jerusalén a los samaritanos hasta los gentiles (Hechos 11:19-26) que vivían en los confines de la tierra. A medida que los creyentes hacían su parte, Dios hacía su grandiosa obra de salvación en la vida de aquellos que creían.[1]

UNIDAD TRES. CRECIENDO JUNTOS

Lección 10	Dele prioridad a las Escrituras	Hechos 2:42; Romanos 15:4; 2 Timoteo 3:14-17; 2 Pedro 1:19-21
Lección 11	Comparta un compañerismo genuino	Hechos 2:42-47; 1 Corintios 12:4-11; Filipenses 1:3-9
Lección 12	Adoren juntos	Hechos 2:42-47; 1 Corintios 11:17-34; Efesios 5:19-20
Lección 13	Ministre las necesidades de la gente	Hechos 2:43-45; 3:1-8; 1 Corintios 16:1-3; Santiago 2:14-17
Lección 14	Sea testigo al mundo	Hechos 2:47b; Mateo 28:18-20; Juan 20:19-21; Hechos 11:19-26

NOTAS

[1] A menos que se indique de otro modo, todas las citas bíblicas son de la versión Reina-Valera 1960.

TEXTO PRINCIPAL
Hechos 2:42; Romanos 15:4;
2 Timoteo 3:14-17; 2 Pedro 1:19-21

TRASFONDO
Hechos 2:42-47; Romanos 15:4;
2 Timoteo 3:14-17; 2 Pedro 1:19-21

IDEA PRINCIPAL
Una iglesia neotestamentaria y sus
miembros deben poner su prioridad
en la Escritura como fundamento
de sus creencias y práctica.

PREGUNTA PARA EXPLORAR
¿Cómo deciden ustedes y su iglesia
deciden qué hacer?

OBJETIVO DEL ESTUDIO
Identificar razones por las cuales la
Escritura necesita ser el fundamento
de mis creencias y práctica

COMENTARIO BREVE
¿Qué tal si la única parte
de la Biblia que realmente
creemos es aquella que realmente
vivimos? Así como la primera
iglesia puso primero la enseñanza
de los apóstoles, así también los
creyentes de hoy deben poner primero
la Escritura a fin de que no solo
aprendamos las Escrituras sino que
vivamos según ella.

LECCIÓN DIEZ
Dele prioridad a las Escrituras

Mis tres hermanos y yo nos criamos en Alemania como parte de una familia militar. Siempre esperábamos con anticipación los paquetes de regalos navideños de nuestra familia en los Estados Unidos. En particular, los de una tía en Chicago, que no era rica en absoluto, pero que de algún modo siempre parecía encontrar los juguetes y aparatos más recientes y más grandes para enviarnos. Había cohetes con paracaídas y lo último en autos y autopistas marca Matchbox.

Un año, cuando yo tenía como 12 años de edad, abrimos el paquete. Inmediatamente me di cuenta de que ella se había equivocado. Después de inspeccionar mi regalo envuelto, discerní que en vez de enviar un juguete, había enviado un libro. Nunca olvidaré la decepción que sentí al descubrir mi *Biblia al Día para Niños* esa mañana. Yo envidiaba a mis dos hermanos mayores que recibieron la versión adolescente de la misma traducción. ¿Qué iba a hacer con una Biblia? Ya que no teníamos acceso a la televisión, el siguiente verano decidí agarrarla y leerla. Cuando lo hice no podía detenerme. La Biblia se convirtió en un lugar para encontrarme con Dios. En unos cuantos años, me había rendido al llamado de Dios al ministerio.

Imagínese a la iglesia del Nuevo Testamento. Justo después de la fiesta de Pentecostés, el grupo acrecentado de creyentes necesitaba guía para saber qué hacer. Guiados por el Espíritu, los Apóstoles cumplieron con la Gran Comisión al hacer discípulos, bautizar los nuevos creyentes y enseñando todas las cosas que Cristo les había enseñado.

Los primeros cristianos se comprometieron con lo que era primero. Ellos perseveraron en la doctrina de los Apóstoles (Hechos 2:42). Considere lo maravilloso que debió haber sido oír hablar a Pedro acerca de ser restaurado del fracaso personal, o a Tomás hablar acerca de vencer la duda, o Juan hablar acerca de amar a Jesús. Esas mismas enseñanzas están a nuestra disposición en el Nuevo Testamento.

Los Apóstoles arraigaron sus enseñanzas en el Antiguo Testamento y en las enseñanzas de Jesús. Encontramos un gran ejemplo en el sermón de Pedro en la fiesta de Pentecostés. Allí él citaba continuamente del Antiguo Testamento, interpretando la obra de Dios a la luz de los Salmos y el libro de Joel. También interpretaba la obra de Dios por medio de los cristales de la vida de Jesús (Lucas 24:27). Tanto el nombre como la enseñanza de Jesús produjeron la convicción que llevó a la salvación a la gente que estaba presente en el día de Pentecostés (Hechos 2:14-36).

Así como la iglesia ponía primero la doctrina de los Apóstoles, así también los creyentes de hoy deben poner las Escrituras primero a fin de que no solo aprendamos la Escritura sino que vivamos según ella. Entonces, ¿qué hacen exactamente las Escrituras por nosotros? En las cartas de Pablo y Pedro, encontramos enseñanzas del Nuevo Testamento acerca del valor de la Escritura para la fe y su práctica.

HECHOS 2:42

[42]Y perseveraban en la doctrina de los apóstoles, en la comunión unos con otros, en el partimiento del pan y en las oraciones.

ROMANOS 15:4

[4]Porque las cosas que se escribieron antes, para nuestra enseñanza se escribieron, a fin de que por la paciencia y la consolación de las Escrituras, tengamos esperanza.

2 TIMOTEO 3:14-17

[14]Pero persiste tú en lo que has aprendido y te persuadiste, sabiendo de quién has aprendido; [15]y que desde la niñez has sabido las Sagradas Escrituras, las cuales te pueden hacer sabio para la salvación por la fe que es en Cristo Jesús. [16]Toda la Escritura es inspirada por Dios, y útil para enseñar, para redargüir, para corregir, para instruir en justicia, [17]a fin de que el hombre de Dios sea perfecto, enteramente preparado para toda buena obra.

2 PEDRO 1:19-21

[19]Tenemos también la palabra profética más segura, a la cual hacéis bien en estar atentos como a una antorcha que alumbra en lugar oscuro, hasta que el día esclarezca y el lucero de la mañana salga en vuestros corazones; [20]entendiendo primero esto, que ninguna profecía de la Escritura es de interpretación privada, [21]porque nunca la profecía fue traída por voluntad humana, sino que los santos hombres de Dios hablaron siendo inspirados por el Espíritu Santo.

Encontrando consolación y paciencia en las Escrituras
(Hechos 2:42; Romanos 15:4)

La carta de Pablo a los Romanos es una de las grandes cartas teológicas del Nuevo Testamento. En los primeros 11 capítulos Pablo nos lleva al Himalaya de la teología neotestamentaria. Luego en Romanos 12—16, él aplicó esas palabras específicamente a la vida de los creyentes en Roma. En Romanos 14 y 15 aprendemos que los creyentes con fe sólida deben aceptar a aquellos que son débiles en la fe. Así que nosotros los creyentes no vivimos para nosotros mismos sino también edificamos a nuestros vecinos. Cristo es nuestra guía porque él no vivió para agradarse a sí mismo. Pablo citó Salmo 69:9 para demostrar que los seguidores de Jesús serían insultados así como le sucedió a Jesús (Rom. 15:3). Pablo explicó en el siguiente versículo por qué usó el Antiguo Testamento para enseñar a creyentes del Nuevo Testamento: "Porque las cosas que se escribieron antes, para nuestra enseñanza se escribieron". Las Escrituras son relevantes para cada generación de cristianos porque Dios, quien inspiró a los escritores del Antiguo Testamento, tenía en mente a posteriores creyentes. ¿Cómo ayuda la Escritura a creyentes hoy?

Pablo escribió acerca de la paciencia y la consolación que producen esperanza. "Paciencia" es la traducción de la palabra griega que significa *permanecer bajo*. Por medio de las Escrituras encontramos la fortaleza para *permanecer bajo* las dificultosas circunstancias de nuestras vidas. Las Escrituras también nos ofrecen consuelo. Esta palabra viene de la misma familia de la palabra que usa Juan para describir al Espíritu Santo como Consolador (Juan 14:16, 26; 16:7). El significado en español también es útil porque Dios consuela a su pueblo al poner aliento en él. Esto nos da *esperanza*. Recuerde que la palabra esperanza se refiere a una expectativa confiada.

Preparando al pueblo de Dios para toda buena obra (2 Timoteo 3:14-17)

En la última carta que escribió Pablo, él recordó a Timoteo que el mismo Espíritu que consuela y anima a los creyentes inspiró las Escrituras. Pablo, en su última carta, quiso dejar a Timoteo con toda la capacitación que iba a necesitar para terminar la tarea de hacer discípulos de todas las naciones.

El encuentro que tuvo Timoteo con las Escrituras comenzó cuando era de muy temprana edad. La fe de Timoteo vivió primero en su abuela Loida y su madre Eunice (2 Tim. 1:5). Él también escuchó la doctrina de Pablo (2 Tim. 3:10). Pablo instó a Timoteo a persistir en lo que había aprendido y se había persuadido, a causa de la credibilidad de sus maestros (2 Tim. 3:14). Al aprender de su abuela, madre y el apóstol Pablo, Timoteo podía tener plena confianza de que la verdad que había aprendido la podía vivir todos los días.

Yo hago eco de lo sucedido con Timoteo porque, así como él, aprendí de mi devota madre. Mi madre me enseñó en la Escuela Bíblica de Vacaciones en mi niñez. Cuando era adolescente, recuerdo que yo regresaba a casa en la noche y la encontraba en la mesa de la cocina leyendo las Escrituras. Su Biblia cobraba vida en su ser y el nuestro mientras ella sola llevaba a cuatro niños a la Escuela Dominical y la iglesia. Ella contestó mis preguntas sobre la salvación en la cocina de nuestro apartamento en el tercer piso en Schrollbach, Alemania Occidental, antes que yo orara para aceptar a Cristo como mi Salvador.

¿Qué beneficio sacaría Timoteo de las Escrituras? Pablo le dijo que las Escrituras lo podían hacer sabio para la salvación por medio de la fe en Jesucristo. Puesto que Dios inspiró las Escrituras y las puso dentro de la vida de los escritores, las Escrituras ofrecían los múltiples beneficios de ser útiles para enseñar, redargüir, corregir e instruir en justicia. A veces Dios usa las Escrituras para enseñar e instruirnos positivamente. En otras ocasiones, Dios las usa para redargüir y corregir a su pueblo. Todos estos beneficios de la Escritura preparan a los siervos de Dios para toda buena obra.

Un amigo mío es un empresario de mucho éxito en nuestra comunidad y maestro de la Escuela Dominical en nuestra iglesia. Él aceptó el reto que le hice a nuestra congregación hace nueve años de leer toda la Biblia cada año. Durante ese tiempo él ha empezado a predicar en asilos de ancianos e iglesias locales mientras continuaba dando su clase. Él dice que su vida y su familia se

---

DISCÍPULO

La palabra *discípulo* significa *persona a la que se le enseña o aprende.* Cuando Jesús enseñó en la Gran Comisión que sus seguidores debían hacer discípulos, él nunca tuvo como objetivo que su iglesia simplemente hiciera conversos (Mateo 28:18-20). Estos nuevos creyentes no solo necesitarían bautizarse, sino que también necesitarían ser instruidos en todas las cosas que Cristo mandó.

---

han enriquecido grandemente por este compromiso de leer la Palabra de Dios. El año pasado su hijo, quien está en el octavo grado de primaria, se unió a su padre en la lectura total de la Biblia. Ambos se han convertido en líderes en sus ministerios en nuestra iglesia.

Actuando basado en la autoridad de la Escritura (2 Pedro 1:19-21)

En la segunda epístola de Pedro, el escritor recordó a los lectores que ellos estaban establecidos en la verdad desde el principio. Como testigo ocular de la transfiguración, Pedro dijo las palabras del Padre al Hijo: "Este es mi Hijo amado, en el cual tengo complacencia" (2 Ped. 1:17). Pedro conectó estas palabras con las palabras de los profetas en la imagen pintoresca de una antorcha que alumbra en un lugar oscuro y el lucero de la mañana saliendo en los corazones de sus lectores.

El poder que vio Pedro en las Escrituras se deriva de la fuente de la Escritura. Los profetas no formularon sus propias ideas e interpretaciones. De hecho, la profecía no se originó con la voluntad de seres humanos, sino que estos profetas hablaron de parte de Dios inspirados por el Espíritu Santo.

En estos días en que muchos cuestionan la idea de valores morales absolutos, las palabras de Pedro brindan gran consuelo. Tenemos palabra segura de Dios en las Escrituras. Él dio a los profetas las palabras, hablando a través de sus personalidades, a la gente de su propia generación y también a la nuestra.

Como creyentes, hoy, debemos basar nuestras decisiones individuales y congregacionales en las enseñanzas de la Escritura. En la tradición del Nuevo Testamento, nosotros no basamos nuestras vidas en tradiciones e ideas humanas. Tampoco encontramos la voluntad de Dios mediante opiniones individuales. El sacerdocio del creyente significa que tenemos acceso a la voluntad de Dios a medida que el Espíritu nos guía a la verdad. Esto no significa, sin embargo, que cada creyente puede decidir por sí mismo lo que quiere decir la Biblia. Una y otra vez debemos regresar al texto e interpretarlo juntos en comunidad.

Como pastor durante los últimos 26 años, me he deleitado en el maravilloso tapiz de personalidades que Dios ha tejido en la iglesia. Uno de los singulares hombres de Dios que conocí fue el doctor Benjamín Oliver. Durante la década de 1990, serví como su pastor mientras él y su esposa Edith tenían noventa y tantos años de edad. Benjamín fue misionero en Brasil y se jubiló después de 37 años de servicio en 1968. Cuando lo conocí en Austin, él aún estaba leyendo todo el Nuevo Testamento cada año, en griego. Nos sentábamos y traducíamos juntos en su sala. Él se sentaba en su asiento reclinable, al cual llamaba su *lugar de descanso de vinilo*.

CÓMO INTERPRETAR LA ESCRITURA

¿Cuál es la manera correcta de interpretar la Escritura? Debemos leer toda la Escritura en contexto en vez de aislar versículos para respaldar nuestros intereses personales. También debemos interpretar la Biblia en comunidad. Es poco probable que un individuo encuentre una interpretación única que nadie del pueblo de Dios nunca haya visto en los últimos 2.000 años. Podemos depositar una gran confianza en que el pueblo de Dios tome decisiones sensatas cuando oramos juntos y tratamos de entender la Escritura juntos.

En la tumba de Benjamín, un viejo amigo definió su vida para mí en dos palabras, *intelecto encendido*. Su gran mente y corazón estaban encendidos por el Espíritu por medio de su profunda devoción al estudio de las Escrituras. Nos pareció a todos nosotros que, como Elías, Benjamín pudo haber evitado la muerte y ser acompañado por carrozas de fuego al cielo. Él me dejó su Nuevo Testamento en griego después de su muerte. Yo lo uso casi todos los días. En su funeral, rogué que Dios me diera una doble porción de su Espíritu. Se me recordó que estaba haciendo un pedido difícil. Desde el comienzo de nuestras vidas espirituales hasta el día en que Dios nos llame a casa, la Palabra de Dios será una antorcha que nos guiará hasta que lleguemos tranquilamente a ese destino.

Implicaciones y acciones

Como la primera iglesia la cual se reunió en Jerusalén, las iglesias neotestamentarias de hoy encuentran verdadera ayuda en la doctrina de los Apóstoles. Cuando estudiamos las Escrituras y las compartimos juntos, nuestras vidas se fortalecen grandemente. Una cosa es decir que somos gente del libro. Otra es decir que "lámpara es a mis pies tu palabra, y lumbrera a mi camino" (Salmo 119:105). ¿Por qué no comprometerse a usar un plan y leer toda la Biblia cada año? Dios nos hablará con su Palabra.

PREGUNTAS

1. ¿Cómo usó Pedro las Escrituras en su sermón el día de Pentecostés (Hechos 2:14-36)? ¿Qué referencias hizo del Antiguo Testamento?

2. Lea las palabras de Pablo en Romanos 15:4. ¿De qué maneras le han dado las Escrituras paciencia, consuelo y esperanza?

3. La fe de Timoteo primero vivió en su abuela y su madre. ¿Dónde usted vivió primero su fe?

4. ¿Quiénes fueron los maestros de Escuela Dominical y otros cristianos que contribuyeron significativamente al desarrollo de su fe? ¿Cómo vivió la fe en ellos? ¿Cómo vive en usted como resultado de la guía de ellos?

5. ¿De qué manera la lectura de las Escrituras lo corrigen o redarguyen hoy en día? ¿Cómo le enseña y prepara en justicia? ¿Cómo responderá usted?

6. ¿Cómo cree usted que las Escrituras vinieron a nosotros (2 Pedro 1:21)? ¿Cómo entonces debemos responder a la Palabra de Dios dirigida a nosotros en las Escrituras?

LECCIÓN ONCE
Comparta un compañerismo genuino

No nos reunimos ¡a menos que comamos! La mayoría de mis primeros recuerdos del compañerismo de la iglesia giraban en torno a comidas —más específicamente las cenas en las que cada uno aportaba con un plato. En una iglesia bautista en Alemania, tuvimos un partido anual de softball y un picnic. Una iglesia compuesta de oficiales y soldados rasos de las fuerzas militares se reunía bajo los árboles de pino para que cada uno comiera su propio plato separadamente. Algunos venían con parrillas y cocinaban bistec; otros traían sándwiches de pollo o mantequilla de maní con mermelada. Después del partido de softball, nos íbamos a nuestras propias mesas.

Pero cuando llegó nuestro nuevo pastor, él no toleró esto. Él pidió a algunos diáconos que alinearan todas las mesas de picnic de un extremo al otro, y todos esparcieron su comida en fila. De este modo, algunos que trajeron salchichas terminaron comiendo bistec y viceversa. Tal vez no recordemos lo que comimos ese día, pero el dulce sabor a compañerismo dejó un recuerdo perdurable de la manera correcta en que los miembros de la iglesia pueden compartir sus vidas juntos.

HECHOS 2:42-47

[42]Y perseveraban en la doctrina de los apóstoles, en la comunión unos con otros, en el partimiento del pan y en las oraciones. [43]Y sobrevino temor a toda persona; y muchas maravillas y señales eran hechas por los apóstoles. [44]Todos los que habían creído estaban juntos, y tenían en común todas las cosas; [45]y vendían sus propiedades y sus bienes, y lo repartían a todos según la necesidad de cada uno. [46]Y perseverando unánimes cada día en el templo, y partiendo el pan en las casas, comían juntos con alegría y sencillez de corazón, [47]alabando a Dios, y teniendo favor con todo el pueblo. Y el Señor añadía cada día a la iglesia los que habían de ser salvos.

1 CORINTIOS 12:4-11

[4]Ahora bien, hay diversidad de dones, pero el Espíritu es el mismo. [5]Y hay diversidad de ministerios, pero el Señor es el mismo. [6]Y hay diversidad de operaciones, pero Dios, que hace todas las cosas en todos, es el mismo. [7]Pero a cada uno le es dada la manifestación del Espíritu para provecho. [8]Porque a éste es dada por el Espíritu palabra de sabiduría; a otro, palabra de ciencia según el mismo Espíritu; [9]a otro, fe por el mismo Espíritu; y a otro, dones de sanidades por el mismo Espíritu. [10]A otro, el hacer milagros; a otro, profecía; a otro, discernimiento de es-

píritus; a otro, diversos géneros de lenguas; y a otro, interpretación de lenguas. ¹¹Pero todas estas cosas las hace uno y el mismo Espíritu, repartiendo a cada uno en particular como él quiere.

FILIPENSES 1:3-9

³Doy gracias a mi Dios siempre que me acuerdo de vosotros, ⁴siempre en todas mis oraciones rogando con gozo por todos vosotros, ⁵por vuestra comunión en el evangelio, desde el primer día hasta ahora; ⁶estando persuadido de esto, que el que comenzó en vosotros la buena obra, la perfeccionará hasta el día de Jesucristo; ⁷como me es justo sentir esto de todos vosotros, por cuanto os tengo en el corazón; y en mis prisiones, y en la defensa y confirmación del evangelio, todos vosotros sois participantes conmigo de la gracia. ⁸Porque Dios me es testigo de cómo os amo a todos vosotros con el entrañable amor de Jesucristo. ⁹Y esto pido en oración, que vuestro amor abunde aun más y más en ciencia y en todo conocimiento.

Compartiendo juntos la vida de Dios (Hechos 2:43-45)

Después del sermón de Pedro el día de Pentecostés, la iglesia creció 26 veces, de 120 a 3.120 creyentes en un solo día. Gente de diferentes lenguas y grupos culturales se reunieron como una iglesia en Cristo. Este grupo diverso encontró unidad no solo en la doctrina de los Apóstoles sino también en tener en común un compromiso con el compañerismo.

La palabra *koinonia* o compañerismo significa compartir en común todas las cosas. A la primera iglesia le encantaba estar junta. Tres veces Lucas, el autor de Hechos, nos dijo que estaban juntos. Todos los creyentes estaban juntos (2:44). Ellos continuaron reuniéndose en las cortes del templo (2:46). Comían juntos con alegría y sencillez de corazón (2:46). A los primeros cristianos les encantaba compartir la vida juntos en sus hogares. Cuando ofrecemos hospitalidad cristiana, abrimos la posibilidad de compartir nuestras vidas en un mundo solitario.

En una época en que cada vez más vivimos vidas separadas, sin conocer a nuestros vecinos, la iglesia primitiva nos recuerda la forma sana de las relaciones cristianas. Podemos ser como puercoespines acurrucados juntos en el frío, queremos acercarnos unos a otros, pero cuando lo hacemos lastima.

Contrario a eso, los discípulos perseveraron en el *compañerismo*. En esta generación, muchas iglesias han escogido poner la palabra compañerismo en sus nombres. El compañerismo es una dimensión esencial de la vida de la iglesia. ¿Es su iglesia un lugar de compañerismo genuino?

Recientemente recibí un *e-mail* en el buzón general del sitio web de nuestra iglesia. La mujer que escribió hizo una simple pregunta: "¿Hay lugar en su iglesia para una vieja pecadora y solitaria?" Nosotros le contestamos por escrito y después ella descubrió la comunión con nosotros en la iglesia.

Compartiendo los dones de Dios juntos (1 Corintios 12:4-11)

Los cristianos viven en unidad no a pesar de su diversidad sino en su diversidad. El Dios que vive en comunión eterna como el Dios trinitario (Padre, Hijo y Espíritu Santo) creó a la humanidad a su imagen para que también pudiéramos celebrar la comunión. De hecho, cuando Pablo enseñó a la iglesia de Corinto acerca de la diversidad de dones dentro de la iglesia, él les recordó que solo Dios podía conferir los dones y reunir los miembros del cuerpo como le parecía (1 Cor. 12:4-11). Dios quiso que los dones cumplieran sus propósitos para provecho (12:7) y no para llamar la atención hacia el que recibió el don.

LENGUAS

El don de lenguas por lo visto causó división y consternación en la iglesia de Corinto. ¿En qué consistío este don? Desde el día de Pentecostés, en el que la multitud escuchó el evangelio en sus propios idiomas, la manifestación de las lenguas como don de Dios ha captado la atención de la gente (Hechos 2:7-13). Algunos al parecer elevaron este don y lo pusieron por encima de los demás debido a la naturaleza espectacular que tiene. Pablo puso en perspectiva este don al decir que aun si hablase lenguas humanas y angélicas, eso no ayudaría a la iglesia a menos que el don se use en amor (1 Cor. 13:1-3). Hasta hoy en día la manifestación de las lenguas a veces crea división en las iglesias. Algunos responden a este asunto diciendo que los dones pertenecían a los Apóstoles y ya no están disponibles a la iglesia. Otros argumentan que todos los dones del Nuevo Testamento permanecen en la iglesia hasta hoy. Pablo dio pautas bien específicas acerca del don cuando escribió: "Pero en la iglesia prefiero hablar cinco palabras con mi entendimiento, para enseñar también a otros, que diez mil palabras en lengua desconocida" (1 Cor. 14:19).

Ninguna lista de dones espirituales en el Nuevo Testamento es exhaustiva. Por ejemplo, los escritores del Nuevo Testamento hacen una lista de los dones en varias partes (1 Corintios 12:8-11; Romanos 12:6-8; Efesios 4:11; 1 Pedro 4:10-11). Nosotros notamos inmediatamente la diversidad de estos dones. El mismo Espíritu da a uno los dones de sabiduría y ciencia. A otro el Espíritu le da fe —confianza sobrenatural en Dios. En la iglesia en Corinto, descubrimos dones espectaculares altamente visibles como el de sanidad y poderes milagrosos. Algunos poseen en el Espíritu el don de profecía, el cual se refiere más a hablar un mensaje relevante por Dios que predecir el futuro. Otros creyentes manifiestan gran discernimiento para distinguir los espíritus. Y otros tienen la habilidad de hablar en diferentes clases de lenguas y de interpretarlas.

Estos diversos dones nos llaman a vivir no en independencia sino en interdependencia. El mismo Dador ha dado los dones y nos ha puesto justo dónde él nos quiere en el cuerpo de Cristo. Por esta razón, Pablo dijo claramente que sería un error que un miembro del cuerpo diga: *La iglesia no me necesita* (1 Cor. 12:15-18), o *Yo no necesito a la iglesia* (1 Cor. 12:21-24). Compañerismo cristiano significa que nos necesitamos mutuamente, así como las diversas partes del cuerpo humano se necesitan para vivir.

Compartiendo juntos el evangelio (Filipenses 1:3-9)

El compañerismo en la iglesia primitiva era más acerca del ministerio que de las comidas. Así que Pablo usó la palabra *koinonia* para describir la estrecha relación que compartía en el evangelio con la iglesia de Filipos. En esta carta, Pablo habló abierta y honestamente acerca de su relación con los miembros de la iglesia allí.

Aprendemos del libro de Los Hechos que los primeros miembros de la iglesia en Filipos representaban trasfondos divergentes (Hechos 16). Después de la respuesta de Pablo al llamado de los de Macedonia, él y sus compañeros llegaron a Filipos, donde encontraron un grupo de mujeres que había salido de la ciudad el sábado para orar. Una de ellas, Lidia, insistió en recibir a los Apóstoles en su casa (Hechos 16:11-15). Después una niña esclava y un carcelero se convirtieron en seguidores de Cristo también (Hechos 16:16-34). De estos diversos inicios, Dios formó una notable iglesia.

En esta breve narración de la carta de Pablo a los filipenses, vemos su interés espiritual por sus compañeros que compartían en la comunión del evangelio. En Filipenses 1:3-4 aprendemos que él oró por ellos con gozo por la estrecha relación en el evangelio. La palabra que se traduce "estrecha relación" es una vez más *koinonia* o compañerismo.

¿En qué se basaba su compartir? Ellos compartían un compromiso común con las buenas nuevas de Jesucristo. Dios comenzó una buena obra en Filipos y la estaba llevando adelante aun mientras Pablo escribía a los creyentes una carta de gratitud por su apoyo financiero a su ministerio. De modo que su estrecha relación fue intrínsecamente espiritual por naturaleza. Asimismo, compartían una esperanza común del retorno de Cristo (Fil. 1:6). Pablo escribió acerca de sus sentimientos personales por la iglesia cuando les dijo que los tenía en el corazón (Fil. 1:7). Una vez más Pablo usó la palabra *koinonia* para describir cómo los filipenses compartían con él la gracia de

CÓMO TRATARSE MUTUAMENTE

Hace años trabajé en una maravillosa iglesia rural que mantuvo sus viejas instalaciones y sillas del tiempo de la Segunda Guerra Mundial. Algunos miembros querían reemplazar esas sillas de ópera por bancas. Otros querían *mantener el edifico igual*.

Al final, el grupo a favor de las bancas ganó la votación en una reunión de asuntos de la iglesia, y remodelamos la iglesia con hermosas bancas nuevas. Algunos de los que ganaron se regodearon. Los que perdieron tenían el ceño fruncido y se preguntaban si la iglesia iba a seguir igual.

Como pastor adolescente, me puse de pie y con confianza toqué este problema de compañerismo: "A Dios no le importa si nos sentamos en bancas, en sillas o incluso en el piso. Pero sí le importa cómo nos tratamos". El Señor usó mi corazón sincero y palabras sencillas para llamar a la iglesia a que regresase a vivir en compañerismo.

¿Hay algún tema que actualmente divide a su congregación? ¿Es eso más importante que compartir la vida juntos? ¿Cómo trabajará para restaurar el compañerismo?

Dios (Fil. 1:7). Él los extrañaba no solo como lo harían comúnmente los amigos, sino con el "entrañable amor de Jesucristo". Debemos amarnos unos a otros como Cristo nos ama.

Hace algunos años un pastor norteamericano trató de convencer a un hermano británico de que el apóstol Pablo realmente no era gran cosa como pastor. Mi amigo británico citó este mismo pasaje para demostrar el corazón pastoral de Pablo. También lo oímos en la oración de Pablo (Fil. 1:9-11). A pesar de lo notable que era su compañerismo, Pablo oró para que el amor de ellos creciera más y más.

El conocimiento también iluminó este compañerismo cristiano. Cuando nosotros los creyentes crecemos juntos en profundo conocimiento perspicaz, podemos discernir lo que es mejor y llegar a ser puros e irreprensibles hasta que venga Cristo. En nuestras vidas, el Espíritu llevará fruto que viene por medio de Cristo para la alabanza y gloria de Dios.

Implicaciones y acciones

El compañerismo debe significar más que una comida. La esencia de nuestro compartir no lo determina el menú de la comida, sino el profundo compartir de nuestras vidas. Nuestras iglesias ahora se enfocan mejor en el modelo del Nuevo Testamento cuando compartimos juntos nuestras vidas, nuestros dones espirituales y un propósito común. Por medio del evangelio, Dios crea amistades y relaciones estrechas más profundas en la iglesia que cualquier otra organización terrenal pueda imaginar o crear.

PREGUNTAS

1. ¿Cómo su iglesia planea intencionalmente compartir en *koinonia* cristiana?

2. ¿Cómo se ha regocijado usted con los que se regocijan y llorado con los que lloran en su iglesia (Romanos 12:15)?

3. ¿Cuál es su don o dones espirituales? ¿En qué forma necesita los dones de otros para llegar a estar completo?

4. ¿Cómo la relación de Pablo con la iglesia en Filipos expresa la relación que usted tiene con los ministros y otros miembros de su congregación?

5. ¿Cuál es la fuerza más poderosa que une a su iglesia?

LECCIÓN DOCE
Adoren juntos

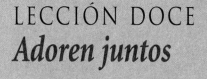

TEXTO PRINCIPAL
Hechos 2:42-47;
1 Corintios 11:17-34;
Efesios 5:19-20

TRASFONDO
Hechos 2:42-47; 4:23-31; 20:7-12;
1 Corintios 11:17-34; 14:26-33;
Efesios 5:19-20; Hebreos 10:24-25

IDEA PRINCIPAL
En una iglesia neotestamentaria
se adora al Señor juntos.

PREGUNTA PARA EXPLORAR
¿Cómo se compara la experiencia
de adoración de nuestra iglesia con
la de la iglesia primitiva?

OBJETIVO DEL ESTUDIO
Identificar cómo puedo participar
en la adoración de mi iglesia con
más efectividad

COMENTARIO BREVE
Como una iglesia del Nuevo
Testamento, nacemos de nuevo
para adorar a Dios con nuestras
actitudes, nuestras acciones y
todo nuestro ser.

¿Recuerda algún servicio de alabanza que haya sido su favorito? Como estudiante universitario cursando su primer año, a 2.500 kilómetros de casa, me hallé luchando contra la depresión. Toda la semana en la universidad había estado luchando contra una oscura y debilitante penumbra. Cuando llegaba el domingo, iba a la iglesia aunque no tenía ganas. Cuando entré al vestíbulo, escuché al coro comenzando a llamar para adorar. De algún modo, mientras cantaban acerca del amor de Dios que nos levanta, sus palabras se convirtieron en mi realidad. Se levantaron las tinieblas y una luz invadió mi alma mientras la realidad de la presencia de Dios me consolaba y animaba. Una amiga del coro dijo que vio el cambio en mi semblante cuando la congregación comenzó a cantar en respuesta al llamado a adorar.

En nuestra época de consumo, las discusiones sobre la adoración a menudo se convierten en monólogos a medida que los cristianos tratan de convencer a que otros acepten su preferencia en adorar mientras no escuchan a aquellos que tienen ideas distintas. La gente va en busca de iglesias en las que prevalecen sus preferencias de adoración. Pero, ¿qué tal si la verdadera adoración no se trata de obtener lo que queremos, sino de que Dios obtenga lo que él quiere en nuestras vidas?

HECHOS 2:42-47

[42]Y perseveraban en la doctrina de los apóstoles, en la comunión unos con otros, en el partimiento del pan y en las oraciones. [43]Y sobrevino temor a toda persona; y muchas maravillas y señales eran hechas por los apóstoles. [44]Todos los que habían creído estaban juntos, y tenían en común todas las cosas; [45]y vendían sus propiedades y sus bienes, y lo repartían a todos según la necesidad de cada uno. [46]Y perseverando unánimes cada día en el templo, y partiendo el pan en las casas, comían juntos con alegría y sencillez de corazón, [47]alabando a Dios, y teniendo favor con todo el pueblo. Y el Señor añadía cada día a la iglesia los que habían de ser salvos.

1 CORINTIOS 11:17-34

[17]Pero al anunciaros esto que sigue, no os alabo; porque no os congregáis para lo mejor, sino para lo peor. [18]Pues en primer lugar, cuando os reunís como iglesia, oigo que hay entre vosotros divisiones; y en parte lo creo. [19]Porque es preciso que entre vosotros haya disensiones, para que se hagan manifiestos entre vosotros los que son aprobados. [20]Cuando, pues, os reunís vosotros, esto no es comer la

cena del Señor. [21]Porque al comer, cada uno se adelanta a tomar su propia cena; y uno tiene hambre, y otro se embriaga. [22]Pues qué, ¿no tenéis casas en que comáis y bebáis? ¿O menospreciáis la iglesia de Dios, y avergonzáis a los que no tienen nada? ¿Qué os diré? ¿Os alabaré? En esto no os alabo.

[23]Porque yo recibí del Señor lo que también os he enseñado: Que el Señor Jesús, la noche que fue entregado, tomó pan; [24]y habiendo dado gracias, lo partió, y dijo: Tomad, comed; esto es mi cuerpo que por vosotros es partido; haced esto en memoria de mí. [25]Asimismo tomó también la copa, después de haber cenado, diciendo: Esta copa es el nuevo pacto en mi sangre; haced esto todas las veces que la bebiereis, en memoria de mí. [26]Así, pues, todas las veces que comiereis este pan, y bebiereis esta copa, la muerte del Señor anunciáis hasta que él venga.

[27]De manera que cualquiera que comiere este pan o bebiere esta copa del Señor indignamente, será culpado del cuerpo y de la sangre del Señor. [28]Por tanto, pruébese cada uno a sí mismo, y coma así del pan, y beba de la copa. [29]Porque el que come y bebe indignamente, sin discernir el cuerpo del Señor, juicio come y bebe para sí. [30]Por lo cual hay muchos enfermos y debilitados entre vosotros, y muchos duermen. [31]Si, pues, nos examinásemos a nosotros mismos, no seríamos juzgados; [32]mas siendo juzgados, somos castigados por el Señor, para que no seamos condenados con el mundo.

[33]Así que, hermanos míos, cuando os reunís a comer, esperaos unos a otros. [34]Si alguno tuviere hambre, coma en su casa, para que no os reunáis para juicio. Las demás cosas las pondré en orden cuando yo fuere.

EFESIOS 5:19-20

[19]hablando entre vosotros con salmos, con himnos y cánticos espirituales, cantando y alabando al Señor en vuestros corazones; [20]dando siempre gracias por todo al Dios y Padre, en el nombre de nuestro Señor Jesucristo.

Consumido en la adoración (Hechos 2:42-47)

Los primeros creyentes no eran consumidores de la adoración; estaban consumidos en adoración. Lucas usó la palabra "perseveraban" para describir este compromiso (Hechos 2:42). Ellos "perseveraban" con muchas ganas en la doctrina de los Apóstoles, en la comunión unos con otros, en el partimiento del pan y en las oraciones.

A la iglesia primitiva le encantaba cumplir con el mandamiento de Cristo de partir juntos el pan durante la Cena del Señor. Los discípulos partían el pan de casa en casa (Hechos 2:46) y también se comprometían a orar. ¿Qué papel desempeña la oración en la adoración congregacional? El líder de las alabanzas en nuestra iglesia aparta un momento de silencio en nuestra adoración y llama a esto *las oraciones del pueblo*. Este silencio tal vez nos incomode inicialmente, pero evoca una profunda sensación de dependencia y confianza mientras encontramos a Dios hablándonos en el silencio. La oración congregacional fortalece a la iglesia para realizar nuestra misión en el mundo. En la oración, los Apóstoles encontraron a un cojo en lo que Pedro y Juan subían al templo a la hora de la tarde en que se acostumbraba orar (Hechos 3:1-8).

Los creyentes en Jerusalén asociaron su perseverancia con una profunda sensación de reverencia por la obra de Dios entre de ellos mediante los prodigios y las señales realizadas por los Apóstoles (Hechos 2:43). Esta sensación de temor o reverencia a menudo se hace a un lado en iglesias hoy a medida que algunos cristianos vuelven a definir la adoración exclusivamente en términos de celebración. Por el contrario, a veces la adoración es una confrontación, como la que Isaías tuvo frente a frente con la santidad de Dios y reconociendo nuestro propio pecado (Isaías 6:1-8). Esta reverencia también indica el sentido de anticipación de los adoradores. La gente estaba dedicada a adorar porque esperaban que Dios hiciera algo grandioso entre ellos. Nosotros le pedimos a nuestra gente que venga a adorar esperando que Dios haga algo tan grandioso que solo él pueda recibir el reconocimiento.

Los discípulos también experimentaron alegría y ofrecían alabanzas a Dios en adoración (Hechos 2:46-47). Estos versículos muestran a la iglesia primitiva en una poderosa celebración. Hace años adoré en una iglesia en Brasil donde los semblantes gozosos del pueblo de Dios se desbordaban en alabanza a Dios mientras cantaban "Jesús Satisface". Dios se deleita con nosotros cuando estamos satisfechos con él. Esto significa que adoramos no solo con la atención de nuestra mente sino también con el afecto de nuestro corazón.

Yo me enteré de un cristiano que criticaba a otro por estar *demasiado contento*. Sin embargo, esta misma alegría hizo que la iglesia primitiva se volviera encantadora para la comunidad a su alrededor. Ellos disfrutaban del favor de los demás precisamente porque estaban constante y auténticamente ofreciendo alabanzas a Dios. Aunque la adoración no consiste únicamente de

---

ADORANDO DE MANERA DIFERENTE

Recientemente la congregación birmana de nuestra iglesia celebró su segundo aniversario. Primero cantamos un himno conocido. Después vi con asombro y alegría mientras cantaban un coro en su propio idioma. Yo no podía cantar la canción, pero adoré de cualquier modo —estuve absorbiendo y observándolos cantar con gozo a nuestro Dios que no conoce barreras lingüísticas.

---

alabanzas, la adoración que se centra en Dios lleva a los creyentes a hablar de Dios en todo lugar que vayan así como a los recién casados les encanta hablar de sus cónyuges.

Si bien la adoración cristiana incluye tanto la confrontación como la celebración, el Nuevo Testamento no receta específicamente actividades o el orden del servicio como la norma. Diferentes iglesias han adorado de diferentes maneras en diferentes épocas.

Comunión en la adoración (1 Corintios 11:17-34)

La gente hace muchas preguntas acerca de la Cena del Señor; como por ejemplo, *¿Con qué frecuencia debemos participar en la Cena del Señor?* Diferentes tradiciones denominacionales y diversas iglesias cumplen esta ordenanza con diferente frecuencia.

A medida que la iglesia se expandía, el apóstol Pablo estableció una iglesia en Corinto y se quedó ahí durante 18 meses (Hechos 18:11). Después escribió a la iglesia mientras sufría para sobrevivir y crecer en una ciudad pagana. Puesto que las cartas de Pablo probablemente precedieron a los evangelios, Pablo ofreció la primera descripción neotestamentaria de esta ordenanza. En su descripción de la Cena del Señor, Pablo dio instrucciones específicas porque el enfoque de la iglesia estaba causando daño en lugar de bien (1 Cor. 11:17). Las divisiones dentro de la iglesia y la impaciencia en comer antes que los demás llegaran perturbó la adoración y el compañerismo (1 Cor. 11:18-22). A menudo la Cena del Señor era precedida o incluso consistía de un *gran buffet* o una gran comida.

Medite en lo que la Cena del Señor hace por nosotros y cómo deberíamos responder. Primero, la Cena del Señor nos ofrece comunión con el Cristo crucificado y resucitado. Pablo sostuvo que el Cristo resucitado fue quien le dio estas enseñanzas acerca de la Cena del Señor (1 Cor. 11:23). Además, la Cena del Señor permite que la iglesia se enfoque en Cristo para proclamar su muerte y anticipar su retorno (1 Cor. 11:23-27). Además la Cena del Señor hace un llamado a la preparación espiritual. Pablo invitó a los creyentes a examinarse antes de comer y beber, reconociendo lo sagrado de la cena como recordatorio de la muerte de Cristo. No hacerlo se constituiría en pecado contra el cuerpo y la sangre del Señor. Hoy, no venimos a la ligera a la mesa del Señor como si fuera un rito trivial.

A veces luchamos para comunicar lo que significa participar en la Cena del Señor de una manera digna (1 Cor. 11:27). Un amigo que se preparaba para el ministerio trató de transmitir la necesidad de examinarse con reverencia antes de participar pero sin darse cuenta ¡convenció a la gente de no participar en absoluto! En un servicio en Inglaterra en un período sabático reciente, escuché a un ministro que captó el espíritu de lo que era participar en la Cena del Señor de manera digna. Él dijo que nosotros no presumimos de venir a la mesa del Señor en nuestra propia bondad porque no somos dignos de ni siquiera recibir las migajas que caen de la mesa. Después él nos mostró gozosamente que venimos en la dignidad del Cristo que derramó su sangre por todos nuestros pecados. La Cena del Señor no es para gente sin pecado sino para pecadores que están agradecidos por la gracia de Dios.

La Cena del Señor también nos ofrece compañerismo unos con otros. Pablo primero se dirigió a los corintios como miembros de la misma familia, como hermanos y hermanas (1 Cor. 11:33). Pablo concluyó diciendo a la gente que se esperaran unos a otros y que comieran en sus casas si tenían hambre (1 Cor. 11:34).

Cristo murió para reconciliar a la humanidad con Dios y al uno con el otro. Qué vergüenza sería si divisiones en adoración cubrieran el recuerdo de lo que Cristo hizo para unir a la gente a sí mismo. Cuando celebramos la Cena del Señor, debemos de interesarnos por las necesidades de los demás así como las propias.

Comunicando nuestra adoración (Efesios 5:19-20)

La mayoría de las discusiones sobre la adoración estos días recaen en argumentos acerca de los estilos musicales. Algunos cristianos favorecen la música tranquila y reverente mientras que otros prefieren las notas majestuosas tocadas en un órgano. Otros usan guitarras, batería y teclados.

La preferencia instrumental no es un tema bíblico ya que la mayoría de estos instrumentos no existían en su forma actual en el primer siglo. De hecho, el salmista hizo un llamado para el uso de una gran variedad de instrumentos para expresar adoración (Salmo 150:3-5). No obstante, las formas en que nos relacionamos unos con otros en nuestras discusiones acerca de la adoración son temas profundamente bíblicos y espirituales.

¿Qué nos enseña el Nuevo Testamento acerca de la música en la iglesia? En su carta a los efesios, Pablo retrató a los cristianos como cantantes que se comunicaban mutuamente mediante salmos, himnos y canciones espirituales (Ef. 5:19). Aun en la iglesia del siglo I, la adoración incluía diferentes tipos de canciones. Así como los israelitas antes que ellos, los primeros cristianos cantaban los salmos. Los creyentes también escribieron himnos y cantaban canciones nuevas inspiradas por el Espíritu.

La adoración cristiana no se reduce a un culto o un determinado momento a la semana. Los cristianos adoran mediante canciones no solo en el culto, sino a todo lugar donde vayan. Pablo instó a los creyentes a que hicieran canciones en sus corazones para el Señor (Ef. 5:19).

Más importante que el estilo de música es la actitud de agradecimiento a Dios Padre en el nombre del Señor Jesucristo. La adoración cristiana arraigada en la doctrina de la Trinidad expresa un reconocimiento del Dios trino cuando cantamos en el Espíritu al Padre en la autoridad o el poder de Jesucristo. La adoración se trata de Dios y del fortalecimiento de la iglesia con nuestras canciones y nuestros sermones (1 Cor. 14:26-32).

OPINIONES OPUESTAS SOBRE LA CENA DEL SEÑOR

Algunas tradiciones enseñan que el pan y el vino de la Cena del Señor se transforman literalmente en el cuerpo y la sangre de Cristo. Otro punto de vista es que los elementos incorporan la presencia de Cristo dentro de ellos sin haber una transformación literal de los elementos. Los bautistas ven la Cena del Señor más como una comida conmemorativa.

No obstante, debemos tener cuidado de no decir que la Cena del Señor es *solo un símbolo*. Los símbolos poseen poder debido a lo que representan. El cuerpo de Cristo y la sangre representan la vida eterna la cual proveyó Cristo con su muerte.

Los primeros cristianos predicaban y escuchaban los sermones en adoración (Hechos 20:7). El largo sermón de Pablo fue uno de los primeros en hacer dormir al oyente cuando Eutico se cayó de la ventana después de haberse quedado dormido. Después que Pablo y los demás se dieron cuenta que aún estaba vivo, Pablo predicó el resto de la noche (Hechos 20:8-11). En algunos cultos predicó más de un predicador (1 Cor. 14:29-31). Pablo trató de añadir una sensación de orden y decoro a estos cultos espontáneos de adoración. El Dios de paz no se deleita con el desorden (1 Cor. 14:33). Hoy, como en ese entonces, si adoramos con un orden complicado de liturgia o de una manera más espontánea, nuestro principal interés debe ser el ánimo y fortalecimiento mutuo de la congregación (1 Cor. 14:26, 31).

Compromiso para adorar (Hebreos 10:24-25)

Antes de estos versículos en Hebreos, el escritor ofreció una discusión larga y teológica de la preeminencia de Cristo sobre los ángeles y Moisés. El escritor también mostró cómo Jesús cumplió las enseñanzas del Antiguo Testamento sobre la adoración y el sacrificio mediante su muerte en la cruz una vez para siempre (Heb. 10:12). Cuatro veces seguidas el escritor exhorta a los creyentes a tener comunión en adoración hablando en plural de manera imperativa (Heb. 10:22-25). Los creyentes adoran mejor en comunión, no de manera aislada.

¿Por qué necesitamos reunirnos? El escritor de Hebreos enseñó que la adoración no se trata principalmente de nuestras propias preferencias personales y el crecimiento espiritual del individuo. Hoy podemos realmente escuchar grandes sermones y música de adoración en la televisión y en la computadora. Pero los buenos sermones no sustituyen el mutuo aliento. El discipulado ocurre en comunión con otros creyentes. Juntos encontramos la aceptación y responsabilidad que necesitamos para crecer como cristianos.

Cuando adoramos en comunión, pensamos en las necesidades de los demás para que podamos estimularnos a las buenas obras. Algunos en el siglo I no se reunían con regularidad. Pero el escritor de hebreos corrigió esta conducta. Los creyentes se animan mutuamente especialmente porque "vemos que aquel día se acerca".

El Día del Señor era una descripción que usaban los profetas para predecir el momento culminante de la historia cuando se lleve a cabo el juicio de Dios

(Joel 2:31; Malaquías 3:1-2). Los primeros cristianos entendían que este era el día del retorno de Cristo.

Cuando nos reunimos, tenemos la oportunidad de alentarnos mutuamente en anticipación de la gran consumación de las edades cuando Cristo regrese personal, visible, poderosa y victoriosamente. No importa en qué día de la semana regrese Cristo. Que sus seguidores puedan ser hallados en un estado de perpetua adoración, expresándole nuestro amor con nuestras actitudes y acciones.

Implicaciones y acciones

El Nuevo Testamento corrige el egoísmo en la adoración. En nuestra celebración de la Cena del Señor —nuestras oraciones, nuestra música y nuestra enseñanza— debemos darle honra a Dios primero en tanto que pensamos en las necesidades de su pueblo.

En las guerras de adoración de la actualidad, elementos de adoración que deberían dirigir la atención hacia Dios se usan a menudo como armas para respaldar nuestras propias preferencias personales. Puede que conozcamos lo que nos guste y que nos guste lo que conozcamos sobre la música y la predicación, pero la verdadera adoración nos llama a conocer al Señor.

Por este motivo, no vamos a adorar para evaluar a otros sino para que Dios nos evalúe. Ya que Dios es el único público de nuestra adoración, las preguntas correctas que el adorador debe hacer son: *¿Qué tal lo hice hoy, Señor? ¿Te di mis mejores actitudes y acciones?*

PREGUNTAS

1. ¿Qué papel desempeña la oración en nuestros cultos de adoración?

2. ¿Recuerda sentir una profunda sensación de reverencia en la adoración?

3. ¿Cómo se prepara usted personalmente para la Cena del Señor?

4. ¿Cuáles son algunas de las maneras apropiadas de cantar o predicar en la adoración?

5. ¿Podemos diferenciar entre las dimensiones bíblicas y las culturales de nuestras preferencias de adoración? Por ejemplo, ¿receta la Biblia algún estilo musical o un orden litúrgico en particular? ¿Deberían los creyentes separarse debido a preferencias culturales?

TEXTO PRINCIPAL
Hechos 2:43-45; 3:1-8;
1 Corintios 16:1-3;
Santiago 2:14-17

TRASFONDO
Hechos 2:42-47; 3:1-10;
1 Corintios 16:1-3;
Santiago 2:14-17

IDEA PRINCIPAL
Una iglesia neotestamentaria
ministra las necesidades
de la gente.

PREGUNTA PARA EXPLORAR
¿De qué maneras usted y
su iglesia ministran las
necesidades de la gente?

OBJETIVO DEL ESTUDIO
Identificar maneras en que
participaré en mi iglesia para
ministrar las necesidades
de la gente

COMENTARIO BREVE
El ministerio real que está
arraigado en amor no puede
limitarse a las paredes de la iglesia.
En una iglesia neotestamentaria, los
miembros empiezan cuidándose
mutuamente pero terminan
cuidando al mundo.

LECCIÓN TRECE
Ministre las necesidades de la gente

131

Hace muchos años, nuestra pequeña iglesia en las afueras de Waco, Texas, se enteró de una necesidad en la comunidad de Billington. Por un camino de piedras había una fila de casas con muchos niños que no iban a la iglesia. Nuestra iglesia, Williams Creek Baptist Church, compró una furgoneta usada para recoger a los niños para los cultos. A través de los años, esta furgoneta creó la oportunidad de ministrar muchas necesidades físicas a medida que cuidábamos de estas familias. Una Navidad en la mañana entregamos regalos a una familia que no tenía forma de comprarlos. Muchos de esos niños dieron sus vidas a Cristo debido al interés de la iglesia. El ministerio costó a nuestros miembros muchas horas pero ofreció una oportunidad fructífera para ministrar y evangelizar.

¿Qué debería hacer la iglesia con respecto a la enorme necesidad física en nuestro mundo? Los periódicos podrían reportar miles de muertes todos los días a raíz de la pobreza extrema. Cada día muchos niños en nuestro mundo mueren de malaria, mientras que muchos adultos mueren de tuberculosis. Muchos jóvenes adultos mueren de SIDA todos los días. La enormidad de la necesidad puede entumecer. Nos pasa por la mente retorcernos las manos y decir: *Miren a dónde ha llegado este mundo.* O peor decir: *¡Uf! Qué bueno que no tengo esos problemas.* Pero, ¿cómo vencemos la fatiga de nuestra compasión? O bien, la pregunta que nos paraliza: *¿Qué podemos hacer en un mundo con una necesidad tan grande?*

La iglesia del Nuevo Testamento respondió a las necesidades físicas con compasión inquebrantable. ¿Quién le dijo a la iglesia que su trabajo era preocuparse por las necesidades de los demás? Los primeros cristianos habían visto a Jesús mirar con compasión a las cinco mil personas que tuvieron hambre y decirle a sus discípulos que los alimentaran (Lucas 9:13). La iglesia primitiva no sucumbió a la fatiga de la compasión.

Estos cristianos hicieron lo que podían. Los Apóstoles estaban ocupados haciendo señales milagrosas y prodigios como el sanar al mendigo cojo (Hechos 3:1-10). Al mismo tiempo, los discípulos hicieron lo que podían al vender sus posesiones y bienes y dando a aquellos que tenían una necesidad. Lucas describió posteriormente a la iglesia: "Así que no había entre ellos ningún necesitado; porque todos los que poseían heredades o casas, las vendían, y traían el precio de lo vendido, y lo ponían a los pies de los Apóstoles; y se repartía a cada uno según su necesidad" (Hechos 4:34-35). Cuando algunas de las viudas griegas se sintieron descuidadas, los Apóstoles dijeron: "No es justo que nosotros dejemos la palabra de Dios, para servir a las mesas"

(Hechos 6:2). Puesto que tenía que atender esas necesidades, la iglesia instaló líderes laicos como siervos para que suplan las necesidades (Hechos 6:1-7). Este acto nos muestra que el ministerio de la iglesia es tanto social como espiritual. Por esta razón, combinamos nuestros actos de interés por el prójimo con doctrina mesurada de la verdad.

La iglesia sirve al ayudar a la gente que está dentro de ella al igual que aquellos que están fuera. Suplir necesidades siempre conlleva costo. A veces nos cuesta financieramente. En otras ocasiones nos cuesta tiempo. Pero si tomáramos lo que Dios nos ha dado y cuidáramos de las almas que están tanto dentro como fuera de la iglesia, podríamos suplir las necesidades de mucha gente. El verdadero ministerio, arraigado en amor, no puede limitarse a las paredes de la iglesia. Nosotros comenzamos cuidándonos mutuamente, pero terminamos cuidando al mundo.

HECHOS 2:43-45

⁴³Y sobrevino temor a toda persona; y muchas maravillas y señales eran hechas por los apóstoles. ⁴⁴Todos los que habían creído estaban juntos, y tenían en común todas las cosas; ⁴⁵y vendían sus propiedades y sus bienes, y lo repartían a todos según la necesidad de cada uno.

HECHOS 3:1-8

¹Pedro y Juan subían juntos al templo a la hora novena, la de la oración. ²Y era traído un hombre cojo de nacimiento, a quien ponían cada día a la puerta del templo que se llama la Hermosa, para que pidiese limosna de los que entraban en el templo. ³Este, cuando vio a Pedro y a Juan que iban a entrar en el templo, les rogaba que le diesen limosna.? ⁴Pedro, con Juan, fijando en él los ojos, le dijo: Míranos. ⁵Entonces él les estuvo atento, esperando recibir de ellos algo. ⁶Mas Pedro dijo: No tengo plata ni oro, pero lo que tengo te doy; en el nombre de Jesucristo de Nazaret, levántate y anda. ⁷Y tomándole por la mano derecha le levantó; y al momento se le afirmaron los pies y tobillos; ⁸y saltando, se puso en pie y anduvo; y entró con ellos en el templo, andando, y saltando, y alabando a Dios.

1 CORINTIOS 16:1-3

¹En cuanto a la ofrenda para los santos, haced vosotros también de la manera que ordené en las iglesias de Galacia. ²Cada primer día de la semana cada uno de vosotros ponga aparte algo, según haya pros-

perado, guardándolo, para que cuando yo llegue no se recojan entonces ofrendas. ³Y cuando haya llegado, a quienes hubiereis designado por carta, a éstos enviaré para que lleven vuestro donativo a Jerusalén.

SANTIAGO 2:14-17

¹⁴Hermanos míos, ¿de qué aprovechará si alguno dice que tiene fe, y no tiene obras? ¿Podrá la fe salvarle? ¹⁵Y si un hermano o una hermana están desnudos, y tienen necesidad del mantenimiento de cada día, ¹⁶y alguno de vosotros les dice: Id en paz, calentaos y saciaos, pero no les dais las cosas que son necesarias para el cuerpo, ¿de qué aprovecha? ¹⁷Así también la fe, si no tiene obras, es muerta en sí misma.

Supliendo las necesidades dentro del cuerpo
(Hechos 2:43-45; 4:34-36; 1 Corintios 16:1-3; Santiago 2:14-17)

¿Cómo suplimos las necesidades dentro de la iglesia? Primero, tenemos que estar dispuestos a sacrificarnos y despojarnos de lo que Dios nos ha dado. Un verdadero cristiano no aguanta tener demasiado mientras que otros no tienen suficiente. Notamos que en la iglesia de Jerusalén todos los creyentes estaban juntos y tenían en común todas las cosas (Hechos 2:43-45). Ellos vendieron sus posesiones y bienes a fin de compartir con los demás. Cuando José, llamado también Bernabé, vendió su heredad y puso lo recaudado a los pies de los Apóstoles, lo llamaron "Hijo de consolación" (Hechos 4:36-37).

Un amigo de nosotros era multimillonario, pero nunca compró un traje nuevo en los últimos 20 años de su vida. Sus automóviles no eran extravagantes. Él había aprendido a vivir con sencillez para poder dar generosamente para suplir las necesidades de los demás.

En nuestra sociedad acomodada debemos preguntarnos constantemente si nuestras posesiones se han convertido en algo demasiado importante para nosotros. Algunos cristianos se preguntan: *¿Somos demasiado ricos para que nos use Dios? ¿Nos aferramos a nuestras posesiones para nuestro propio perjuicio?* Todo lo que tenemos viene del Señor. Los primeros creyentes estaban dispuestos a entregar sus posesiones porque entendieron las palabras del salmista: "De Jehová es la tierra y su plenitud; el mundo, y los que en él habitan" (Salmo 24:1).

En segundo lugar, debemos aprender a compartir con los demás lo que tenemos. Así que los primeros cristianos repartían a todos según la necesidad de cada uno (Hechos 2:45). Dios prometió a los antiguos israelitas que en medio de su pueblo no habría persona que sufra necesidad sin que ésta fuese suplida (Deuteronomio 15:4). Esta promesa se hizo realidad en la iglesia (Hechos 4:34).

Cuando la iglesia de Jerusalén posteriormente sufrió una severa privación financiera, Pablo instó a los creyentes en Corinto a participar en una ofrenda para los "santos" (1 Cor. 16:1). Estos creyentes gentiles practicaron los mismos principios de sacrificio a fin de compartir con los demás. Notamos que su dadivosidad debía de suceder con regularidad, "Cada primer día de la semana" (1 Cor. 16:2). Todos los miembros participaron en la ofrenda (1 Cor. 16:2). Pablo elogió la ofrenda proporcional mientras compartían, "según haya prosperado" (1 Cor. 16:2). De esta manera los creyentes de Corinto iban a unirse a los creyentes de Galacia a fin de prepararse para dar aun antes de que llegase Pablo a recolectar la ofrenda para la iglesia en Jerusalén. La iglesia del Nuevo Testamento nos enseña que compartir nuestras vidas implica poner en acción nuestro cristianismo.

La compasión cristiana llama a la iglesia a identificar las necesidades reales dentro del cuerpo de Cristo. Posteriormente Santiago mostró a los creyentes del siglo I que la verdadera fe demuestra compasión por medio de las obras. Cuando ellos vieron a hermanos y hermanas sin ropa o sin comida cada día, tuvieron que ofrecer más que palabras y sentimiento vacío. Para demostrar la realidad de nuestra fe, nosotros los creyentes debemos hacer el bien el uno al otro y responder de manera tangible a las necesidades humanas (Santiago 2:14-17).

MINISTERIO PRÁCTICO

Piense en maneras prácticas en que su iglesia puede ministrar a las necesidades físicas de la gente en su comunidad. Algunas iglesias han ofrecido lavar carros gratis y les dijeron a los que se beneficiaron: *No queremos recaudar dinero sino mostrarle el amor de Cristo de manera tangible.* Otras iglesias han ido a las lavanderías automáticas con monedas y detergente, y ofrecían a la gente mostrarles el amor de Cristo. Muchas comunidades tienen lugares de asistencia con comida y ropa para que las iglesias ayuden a suplir necesidades. Nosotros no podemos hacer todo, pero podemos hacer algo. Por la gracia de Dios, hagamos lo que podemos.

Después de cuidar de los miembros dentro del cuerpo de Cristo, ¿qué responsabilidad tenemos hacia los no creyentes? Una vez que el amor llena la casa, se desborda hacia la calle.

Supliendo las necesidades fuera del cuerpo (Hechos 2:43; 3:1-8)

Los Apóstoles hacían señales y prodigios, no solo para los creyentes sino también para los demás en la comunidad (Hechos 3:1-10). De este modo la iglesia llevó el poder de Dios fuera de las paredes de la iglesia, literalmente a las puertas fuera del templo.

Los creyentes se prepararon para el ministerio al participar en las temporadas de oración en el templo. De modo que Pedro y Juan subieron al templo a la hora de la oración, a las tres de la tarde. Esta era la hora del sacrificio de la tarde, cuando la gente venía para velar y orar. ¿Cuál es la hora de oración en nuestras iglesias? Hasta que nosotros los miembros de la iglesia nos encontremos teniendo comunión con Dios como los Apóstoles, no estaremos preparados para suplir la necesidades de nuestro mundo. Si no hablamos con Dios con regularidad, no podremos lidiar con el sufrimiento que veremos en el mundo.

Cuando un mendigo pidió ayuda, los Apóstoles lo notaron y dedicaron tiempo para hablar con él (Hechos 3:4, 6). A veces nosotros los miembros de la iglesia nos parecemos más al sacerdote y al levita de la historia que contó Jesús del buen samaritano (Lucas 10:25-37). Estaban tan ocupados haciendo cosas por Dios que no dedicaron tiempo para cuidar de la gente. Nuestro trabajo para Dios nunca nos excusa de cuidar de la gente.

Pedro y Juan no tenían plata ni oro que ofrecer al mendigo, pero tenían el nombre de Jesucristo y el poder para sanar. Hoy la mayoría de las iglesias en los Estados Unidos no pueden decir: "No tengo plata ni oro" (Hechos 3:6). En comparación con los verdaderamente pobres en nuestro mundo, somos ricos con opulencia. ¿Somos buenos administradores de nuestros recursos en un mundo donde millones de niños son huérfanos en África debido a la epidemia del SIDA?

Como Pedro y Juan, los creyente hoy tienen más que dinero que dar (Hechos 3:6). Después que los Apóstoles hablaron con el cojo, lo pusieron de pie y le ofrecieron sanidad en el nombre de Jesús (Hechos 3:7). En nuestro solitario mundo nunca debemos subestimar el poder del toque humano. Hay gran dignidad en un toque. Mientras los Apóstoles pronunciaban palabras de ánimo, ellos se extendieron y levantaron al hombre y lo sanaron.

El poder de Dios transformó al hombre de manera tan completa que él se hizo conocido como aquel que anteriormente solía mendigar (Hechos 3:10). El amor de los cristianos y el poder sanador de Dios lo levantaron de una vida de pobreza a una de alabanza. ¿Qué tal si los creyentes hoy usáramos nuestros recursos para ofrecer al mundo no solo ayuda física sino también espiritual?

Nuestra iglesia recientemente escogió un importante proyecto para nuestra Escuela Bíblica de Vacaciones. Conjuntamente con nuestro ministerio a través de una iglesia misionera sudanés en nuestro local, los niños aprendieron acerca de las necesidades en Sudán. Después en la noche para la familia tuvimos una maratón deportiva, una reunión en la que los estudiantes de la Escuela Bíblica de Vacaciones lanzaban pelotas de béisbol y de fútbol, hacían tiros a la canasta, y pateaban la pelota de fútbol a fin de recaudar dinero para la gente sudanés. Las clases de la Escuela Dominical para adultos prometieron dinero para pagar por cada tiro y cada patada, con todo el dinero destinado a ayudar a la gente de Sudán. Nuestra esperanza era que mediante el poder de Dios que Sudán fuese transformado para que algún día pudiera conocerse como el lugar donde *solía haber* genocidio y hambre.

Implicaciones y acciones

Las buenas nuevas de Jesucristo significa más que simplemente un evangelio social, pero por supuesto lo incluye. Cuidar de las necesidades físicas de la gente demostrará la realidad del poder de Cristo para suplir también sus necesidades espirituales. Cuando los cristianos responden a las necesidades físicas, estamos continuando el ministerio de Cristo hasta lo útimo de la tierra, a los perdidos, a los más pequeños de la tierra.

PREGUNTAS

1. ¿Cómo está respondiendo su iglesia a las necesidades físicas de su comunidad y del mundo?

2. ¿Se queda alguna vez paralizado por la gran necesidad que hay en nuestro mundo? ¿Cómo nuestro estudio de la iglesia del Nuevo Testamento nos prepara contra los temores y sentimientos de desesperación?

3. ¿Quiénes son las personas que se sientan afuera de las puertas de su iglesia? ¿Cómo los puede ayudar a encontrar la manera de entrar?

4. Pedro y Juan vieron a Jesús sanar a los enfermos y alimentar a los pobres. ¿Cambia nuestra relación con Cristo la manera en que percibimos y respondemos a las necesidades de nuestro mundo?

5. ¿Cómo la enseñanza de Pablo en 1 Corintios 16:1-4 trata sobre nuestra necesidad de cooperar con otras iglesias? ¿Hubo un tiempo en el que su iglesia recibía ayuda de otras?

6. Santiago enseñó acerca de la relación entre la fe y las obras. ¿Cómo nuestras obras de alimentar y vestir a otros confirman la realidad de nuestra fe?

TEXTO PRINCIPAL
Hechos 2:47b; Mateo 28:18-20;
Juan 20:19-21; Hechos 11:19-26

TRASFONDO
Hechos 2:42-47; Mateo 28:18-20;
Juan 20:19-21; Hechos 11:19-26

IDEA PRINCIPAL
Una iglesia neotestamentaria
trata de dar testimonio a toda la
gente acerca de Cristo.

PREGUNTA PARA EXPLORAR
¿Cuán importante es para
usted y para toda la iglesia compartir
el evangelio con todo el mundo?

OBJETIVO DEL ESTUDIO
Identificar pasos a tomar para
testificar de Cristo

COMENTARIO BREVE
Como cristianos del Nuevo
Testamento, vivimos vidas
atractivas testificando en
obediencia al mandamiento de
Cristo a fin de poder alcanzar
a toda la gente con el evangelio.
A causa del incremento en el
transporte y la comunicación,
nuestra generación tiene quizás
la oportunidad más grande en
la historia para cumplir con
la Gran Comisión.

LECCIÓN CATORCE
Sea testigo al mundo

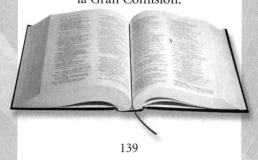

Nuestra iglesia tiene la tradición, en sus cultos bautismales, de invitar a la gente que influyó a los nuevos conversos para recibir a Cristo que se pongan de pie en el momento de la inmersión. Una mujer se paró una y otra vez durante uno de los cultos. Después, el pastor preguntó a los nuevos creyentes: "¿Cómo influyó esta mujer a todos ustedes para convertirse en cristianos? ¿Usó tratados? ¿Fue agresiva en su manera de testificar?"

Los nuevos cristianos sonrieron y dijeron: "No. Pero ella trabaja en nuestra oficina. Con el transcurrir del tiempo ella nos ayudaba con nuestros trabajos. Cuando nos sentimos endeudados con ella, le preguntamos: '¿Cómo te podemos pagar por lo que has hecho?'"

Ella dijo: "Vengan a la iglesia conmigo este fin de semana".

Todos estos compañeros de trabajo habían venido a la iglesia, escuchado el evangelio y recibido a Cristo. Pero primero, ellos vieron el testimonio de ella cuando les servía en la oficina.

El evangelismo del Nuevo Testamento empieza con relaciones. A medida que vivimos vidas atractivas, otros tal vez van a querer conocer al Cristo que cambió nuestras vidas.

HECHOS 2:47b

Y el Señor añadía cada día a la iglesia los que habían de ser salvos.

MATEO 28:18-20

[18]Y Jesús se acercó y les habló diciendo: Toda potestad me es dada en el cielo y en la tierra. [19]Por tanto, id, y haced discípulos a todas las naciones, bautizándolos en el nombre del Padre, y del Hijo, y del Espíritu Santo; [20]enseñándoles que guarden todas las cosas que os he mandado; y he aquí yo estoy con vosotros todos los días, hasta el fin del mundo. Amén.

JUAN 20:19-21

[19]Cuando llegó la noche de aquel mismo día, el primero de la semana, estando las puertas cerradas en el lugar donde los discípulos estaban reunidos por miedo de los judíos, vino Jesús, y puesto en medio, les dijo: Paz a vosotros. [20]Y cuando les hubo dicho esto, les mostró las manos y el costado. Y los discípulos se regocijaron viendo al Señor.?

²¹Entonces Jesús les dijo otra vez: Paz a vosotros. Como me envió el Padre, así también yo os envío.

HECHOS 11:19-26

¹⁹Ahora bien, los que habían sido esparcidos a causa de la persecución que hubo con motivo de Esteban, pasaron hasta Fenicia, Chipre y Antioquía, no hablando a nadie la palabra, sino sólo a los judíos. ²⁰Pero había entre ellos unos varones de Chipre y de Cirene, los cuales, cuando entraron en Antioquía, hablaron también a los griegos, anunciando el evangelio del Señor Jesús. ²¹Y la mano del Señor estaba con ellos, y gran número creyó y se convirtió al Señor. ²²Llegó la noticia de estas cosas a oídos de la iglesia que estaba en Jerusalén; y enviaron a Bernabé que fuese hasta Antioquía. ²³Este, cuando llegó, y vio la gracia de Dios, se regocijó, y exhortó a todos a que con propósito de corazón permaneciesen fieles al Señor. ²⁴Porque era varón bueno, y lleno del Espíritu Santo y de fe. Y una gran multitud fue agregada al Señor. ²⁵Después fue Bernabé a Tarso para buscar a Saulo; y hallándole, le trajo a Antioquía. ²⁶Y se congregaron allí todo un año con la iglesia, y enseñaron a mucha gente; y a los discípulos se les llamó cristianos por primera vez en Antioquia.

El evangelismo empieza con las relaciones (Hechos 2:46-47)

¿Qué le parece el evangelismo neotestamentario? Lucas lo describió de manera sencilla: "Y el Señor añadía cada día a la iglesia los que habían de ser salvos" (Hechos 2:47). Al tomarlo tal como está, esta declaración puede parecer que sugiere que Dios salvó a la gente independientemente de la vida y ministerio de la iglesia. De hecho, no obstante, este versículo llega como punto culminante de la descripción que dio Lucas de la vida de la iglesia primitiva. La comunidad que rodeaba a los primeros cristianos habían notado a estos cristianos que se habían comprometido a la doctrina de las Escrituras, a la adoración, al compañerismo y al ministerio.

De manera específica, aprendemos que la alegría, sinceridad y amor entusiasta por Dios de los primeros cristianos contribuyeron a la simpatía que cautivó los corazones de los no creyentes de la comunidad (Hechos 2:46-47). De modo que el evangelismo es un derivado de nuestro discipulado, adoración y compañerismo.

¿Se nos caracteriza a nosotros como creyentes por nuestra alegría? ¿Qué tal nuestra sinceridad? Nosotros los cristianos dañamos nuestro propio testimonio cuando decimos una cosa y vivimos otra. ¿Estamos consumidos en la adoración de Dios en nuestras vidas cotidianas? Cuando los no creyentes de nuestra comunidad vean la autenticidad de nuestras vidas espirituales y el amor genuino que tenemos por Cristo, ellos podrían sentirse atraídos a él.

Un grupo de nuestra iglesia recientemente fue de viaje a China. Una china llamada Gracia sirvió de guía. Ella explicó que su nombre era como la canción "Gracia Asombrosa" y cantó unas cuantas estrofas para el grupo. Ellos aprendieron que su abuela había sido cristiana antes de la expulsión de misioneros cristianos durante la Revolución Cultural. Gracia, sin embargo, no había aceptado a Cristo como su Salvador personal.

Durante la semana, una de las familias de nuestra iglesia recibió la mala noticia de que uno de los nietos había fallecido. Ellos eligieron regresar a los Estados Unidos para ministrar a sus hijos. Antes de salir, los otros miembros del grupo que había viajado los rodearon, abrazaron y lloraron con ellos.

Gracia preguntó a los miembros si eran familiares de la pareja que estaba partiendo. Los líderes de nuestra iglesia explicaron que no eran familiares sino compañeros cristianos. Gracia exclamó: "Nunca había visto a nadie amar así".

Posteriormente otros miembros del grupo tuvieron la oportunidad de compartir el evangelio con ella, y le explicaron el plan de salvación. Ellos continúan correspondiéndose, orando para que ella responda a Cristo.

El evangelismo requiere nuestra obediencia en tratar de alcanzar al mundo (Mateo 28:18-20; Juan 20:19-21)

¿Por qué evangelizaba la iglesia del Nuevo Testamento? Los escritores del evangelio nos muestran que el evangelismo vino como respuesta al mandato de Cristo a la iglesia al final de su ministerio en la tierra. Cuando Jesús se estaba preparando para apartarse de sus discípulos, él les mandó que hicieran discípulos de todas las naciones, bautizándoles y enseñándoles.

El Evangelio de Mateo nos dice a menudo que Jesús ministraba con *gran autoridad* (Mat. 7:28, 29; 8:9; 9:8). Al final de su ministerio, Jesús reconoció el gran poder disponible a su iglesia para la obra de testificar al mundo: "Toda potestad me es dada en el cielo y en la tierra. Por tanto, id" (Mat. 28:18).

Jesús también le dio a la iglesia un *gran propósito* cuando dijo: "Haced discípulos". Jesús nunca dijo a la iglesia que hiciera conversos.

Puesto que algunos dudaban (Mat. 28:17), Jesús hizo esta *gran promesa:* "Y he aquí yo estoy con vosotros todos los días, hasta el fin del mundo" (Mat. 28:20). Nosotros llamamos a este pasaje la Gran Comisión porque nunca fue una mera sugerencia.

El poder y la presencia de Cristo fortalecieron a la iglesia para que cumpliera con su propósito de hacer discípulos. A pesar de todo el desarrollo del cristianismo en nuestro mundo, este mandamiento no se ha cumplido completamente. Hay segmentos enteros de nuestro mundo que no tienen la oportunidad actual de escuchar el evangelio. No podemos mandar al exterior la labor misionera. El evangelismo sigue siendo nuestra responsabilidad.

El Evangelio de Juan contiene un reto parecido para que la iglesia se centre en las misiones. Después de su resurrección y luego de aparecérsele a María Magdalena en el huerto (Juan 20:1-18), Jesús se apareció a sus otros discípulos y les ofreció paz. Revelando sus heridas en sus manos y el costado, Jesús nuevamente los bendijo con paz. Pero esta paz no tenía por objetivo llegar solamente a ese grupo pequeño de seguidores. Ellos llevaros esta paz con ellos cuando aceptaron su comisión: "Como me envió el Padre, así también yo os envío" (Juan 20:21).

EVANGELIZANDO A GENTE DE OTRAS RELIGIONES

¿Qué tal evangelizar a miembros de otras religiones? Algunos creyentes practican lo que se podría llamar universalismo funcional. Esto es, ellos suponen que todos los que son sinceros dentro de las diversas religiones del mundo están simplemente siguiendo otro camino hacia una relación con el mismo Dios de los cristianos.

Las enseñanzas del Nuevo Testamento acerca de Cristo desecha este enfoque como estrategia efectiva para evangelizar. Jesucristo es el camino, la verdad y la vida (Juan 14:6). Nadie viene al Padre sino por él. los cristianos han sido llamados a entablar contacto con toda la gente con el amor de Dios en relaciones auténticas. Recientemente un joven misionero y miembro de nuestro personal enseñó un curso sobre ministrar a la gente islámica para aumentar nuestro entendimiento debido a la oportunidad que tenemos de compartir nuestra fe en nuestra ciudad.

A veces confundimos esta enseñanza y creemos que la deben cumplir misioneros vocacionales. En verdad, cada cristiano ha sido enviado con una misión. Para cumplir con este mandamiento, debemos hacer más que enviar misioneros o incluso ir de vez en cuando de viaje misionero. Hemos desafiado a cada miembro de nuestra iglesia a verse a sí mismo en un corto viaje misionero por el resto de sus vidas.

Uno de nuestros estudiantes preguntó después de un reciente viaje misionero en el que había tenido éxito en compartir su fe y guiar a otros a Cristo: "¿Por qué es más fácil compartir nuestra fe en una ciudad diferente que en nuestro país?" No podemos compartimentar nuestro compromiso con el evangelismo. Una traducción de Mateo 28:18 dice: *En lo que van, hagan discípulos.* ¿Qué tal si hiciéramos discípulos donde quiera que fuéramos? En lo que vamos, los cristianos vivimos vidas misioneras, compartiendo a Cristo en nuestros hogares, trabajos, escuelas y vecindarios.

El evangelismo rompe barreras, invitando a todos a tener una relación con Cristo (Hechos 11:19-26)

¿A quién deberían de evangelizar los creyentes? El evangelismo creció en el Nuevo Testamento en un número cada vez mayor de círculos concéntricos. Después del día de Pentecostés, los discípulos compartieron a Cristo por todo Jerusalén. Mientras trataban problemas de compañerismo en la iglesia, el Señor les dio la oportunidad de crecer rápidamente e incluso alcanzar a los sacerdotes que habían obedecido a la fe (Hechos 6:7).

Después del martirio de Esteban bajo el ojo atento de Saulo, muchos en la iglesia fueron forzados a salir de Jerusalén (Hechos 8:1). Ellos cumplieron con la Gran Comisión al salir.

Felipe llevó el evangelio a los samaritanos, quienes creyeron en gran número (Hechos 8:4-12). En obediencia a la dirección de Dios mediante un ángel, Felipe dejó de ministrar a las multitudes para cuidar de las necesidades espirituales de un eunuco etíope que viajaba solo por un camino en el desierto (Hechos 8:26-40). Pedro compartió el evangelio con un centurión temeroso de Dios (Hechos 10:1-11:18).

A estas alturas, sin embargo, la iglesia en su totalidad no había invitado a los gentiles a convertirse en cristianos. Esto cambió en Antioquia cuando

---

LA SOBERANÍA DE DIOS Y NUESTRA RESPONSABILIDAD DE EVANGELIZAR

¿Cómo reconciliamos la soberanía de Dios con nuestra responsabilidad de evangelizar? Si el "Señor añadía cada día a la iglesia los que habían de ser salvos" (Hechos 2:47), ¿no es la salvación en última instancia la obra de Dios? Luego leemos que la mano de Dios estaba con la iglesia y la gente era salva (Hechos 11:21).

Es cierto que la salvación es obra de Dios de principio a fin. A menos que el Espíritu de Dios traiga convicción y conversión, nadie será salvo.

Este mismo Dios soberano, sin embargo, escoge involucrarnos en la obra de salvación llamándonos a ser testigos al mundo. A medida que vivimos vidas atractivas en relaciones auténticas con Dios y los demás, Dios nos usa para traerlos a tener una relación con él. La mano del Señor está con los que son obedientes a su mandamiento de hacer discípulos de todas las naciones.

---

creyentes dispersos de Chipre y Cirene comenzaron a decir las buenas nuevas del Señor Jesús a los griegos (Hechos 11:19-20). Dios estaba con ellos, y por primera vez, un gran número de gentiles creyó y se volvió al Señor (Hechos 11:21).

Bernabé, enviado por los Apóstoles, vino a Antioquía, confirmó la conversión de los gentiles y continuó la obra de evangelismo (Hechos 11:22-24). Al encontrar a Saulo (Pablo), quien se había convertido camino a Damasco, Bernabé lo trajo a Antioquía donde trabajaron juntos para discipular a esos nuevos conversos (Hechos 11:25-26). Allí la gente por primera vez comenzó a llamar cristianos a los discípulos (Hechos 11:26).

Estos evangelistas anónimos en Antioquía que dieron testimonio a los gentiles abrieron una nueva perspectiva para la iglesia. Cristo ya no era visto como Salvador de solo los judíos que creían, sino también de toda la gente. Esta forma inclusiva se volvió contagiosa cuando la nueva iglesia en Antioquía envió a Pablo y a Bernabé a su primer viaje misionero para llevar el evangelio a regiones y pueblos aun más distantes (Hechos 13:1-4).

El libro de Los Hechos confirma que la obra misionera sincera tiene la oportunidad de cambiar las vidas de todos los que reciben a Cristo. Tenemos el *poder más grande* en el mundo para lograr el *propósito más grande* en el mundo con la *promesa más grande* en el mundo. Dios está con nosotros cuando testificamos al mundo.

Uno de los mejores evangelistas que jamás haya conocido era un contagioso testigo de Cristo dondequiera que iba. Él programaba sus viajes de negocios que eran fuera de la ciudad para que estén sincronizados con los programas de visita de las iglesias en las ciudades que visitaba. Su profunda compasión por la gente y su pasión por compartir la fe lo hicieron muy efectivo en amar a la gente y traerlos al reino de Dios.

Implicaciones y acciones

Los cristianos del Nuevo Testamento evangelizan todos los días, dondequiera que van, compartiendo con todos con los que se encuentra en todo lo que hacen. Como los primeros creyentes, compartimos nuestra fe día tras día. En lo que vamos, amamos a toda la gente y vivimos el evangelio delante de ellos para que quieran conocer al Cristo que nos ha transformado.

PREGUNTAS

1. Tomando en cuenta Hechos 2:46-47 y el compromiso diario de los discípulos y la diaria salvación de los nuevos creyentes, ¿cuándo nosotros como cristianos debemos testificar?

2. ¿Cómo los primeros cristianos se ganaron el favor de la gente a su alrededor? ¿Cómo lo hacemos nosotros?

3. ¿Cultiva usted relaciones con no creyentes? ¿Sabe usted los nombres y necesidades de sus vecinos? ¿De qué maneras puede usted mejorar la manera en que forma relaciones?

4. Si su iglesia hace viajes misioneros, ¿alguna vez los ha aprovechado?

5. ¿Qué tal si se considerara encargado de compartir con todas las personas, todos los días *en lo que va*, todo lo que usted hace?

6. ¿Hay alguna persona o grupo quien usted se imagina que está fuera del
alcance del amor y la gracia de Dios? ¿Cómo podemos intencionalmente esforzarnos en llegar a la gente que es difícil de alcanzar?

7. Dios promete estar con su pueblo siempre a medida que hacemos
discípulos. ¿Cómo la promesa de la presencia de Dios nos da poder
para compartir nuestra fe con los demás?

Cómo hacer un pedido de más materiales para el estudio bíblico

¡Es fácil! Solamente llene la siguiente información. Para materiales de estudios bíblicos adicionales, entre a www.baptistwaypress.org, o pida un formulario de pedido de los materiales disponibles llamando al 1-800-249-1799 o enviando un e-mail a baptistway@bgct.org.

Título del material	Precio	Cantidad	Costo
Este material			
Creciendo junto en Cristo—			
Guía de estudio (BWP001064)	$2.75	_____	_____
Creciendo junto en Cristo—			
Guía del maestro de adultos (BWP001065)	$3.25	_____	_____
Otros materiales:			
El Libro de Éxodo: Liberados para Seguir a Dios			
(BWP000023)	$1.65	_____	_____
EL evangelio de Juan: El Verbo fue hecho carne—			
Guía de estudio (BWP001032)	$2.75	_____	_____
EL evangelio de Juan: El Verbo fue hecho carne—			
Guía del maestro de adultos (BWP001033)	$3.25	_____	_____
Las Cartas de Pedro y Juan:			
Midiendo el Cristianismo Auténtico,			
Para Creyentes bajo Persecución			
(BWP000079)	$1.65	_____	_____
Recursos para el discipulado			
Desarrollando una Iglesia que hace Discípulos			
(BWP001031)	$5.95	_____	_____

Costo del material _____

Cargos por envío y manejo (ver cuadro) _____

TOTAL* _____

* Impuestos aplicables para individuos y otras entidades (no iglesias) serán añadidos, además del impuesto de Texas. Por favor llame al 1-866-249-1799 si necesita saber la cantidad exacta de los costos antes de hacer un pedido.

CARGOS POR ENVÍO REGULAR (UPS/CORREO)			
Valor del pedido	Costo del envío	Valor del pedido	Costo del envío
$.01—$9.99	$6.00	$100.00—$129.99	$14.00
$10.00—$19.99	$7.00	$130.00—$149.99	$18.00
$20.00—$39.99	$8.00	$150.00—$199.99	$21.00
$40.00—$79.99	$9.00	$200.00—$249.99	$26.00
$80.00—$99.99	$12.00	$250.00+ 11% del valor del pedido	

Por favor espere tres semanas para envío estándar. Para un envío especial, por favor llame al 1-866-249-1799; se le informará el costo de cargos adicionales.

Nombre   Teléfono

E-mail   Fecha del pedido

Iglesia

Dirección

Ciudad   Estado   Código postal

ENVÍE este formulario con su cheque por la cantidad total a
BAPTISTWAY PRESS, Baptist General Convention of Texas
333 North Washington, Dallas, TX 75246-1798
(Haga su cheque a nombre de "**Baptist Executive Board**")

O, envíe su pedido por **FAX** a cualquier hora al:
214-828-5376, y nosotros lo cargaremos a su cuenta.

O, **LLAME** sin cargos al: 1-866-249-1799
(L-J 8:30 a.m.-8:30 p.m.; V 8:30 a.m.-5:00 p.m. central time),
y nosotros facturaremos a su cuenta.

O, envíe su pedido por **E-MAIL** a:
baptistway@bgct.org, y nosotros facturaremos a su cuenta.

O, haga su pedido por la **INTERNET** a www.baptistwaypress.org.

¡Estaremos esperando su pedido! ¡Gracias!